dtv

W0084615

Handwerken, ohne selbst Handwerker zu sein, das ist die Leidenschaft vom Umgang mit guten Materialien und perfektem Werkzeug, vom Konstruieren und Bauen, vom Gestalten und Erfinden. Nicht Nutzen und Sinn des Gebauten sind wichtig, sondern die Lust am Bauen. Häufig braucht niemand das Gebaute, aber es ist schön und perfekt. Womit sich allenfalls die Nähe zum Bastler von Schlüsselbrettchen, nie aber die zum Heimwerker ergibt. Fazit: wenn schon keiner seine Wiege bauen kann, so sollte man doch bestrebt sein, seinen Sarg selbst anfertigen zu können. Unkonventionelle Konstruktionsvorschläge inbegriffen!

Bernd Schroeder, geboren 1944, aufgewachsen in der Nähe von Freising, pendelt ständig zwischen Werkstatt und Schreibtisch hin und her. Der Drehbuch- und Hörspielautor erhielt 1985 den Grimme-Preis und 1992 den Bundesfilmpreis. In jüngster Zeit hat er sich der Prosa zugewendet; erschienen sind bisher die Romane ›Versunkenes Land‹ und ›Unter Brüdern‹.

Bernd Schroeder

Handwerken

Kleine Philosophie der Passionen

Deutscher Taschenbuch Verlag

Originalausgabe
August 1999
© Deutscher Taschenbuch Verlag GmbH & Co. KG, München
Umschlagkonzept: Balk & Brumshagen
Umschlagbild: © Alfons Holtgreve
Satz: Design-Typo-Print GmbH, Ismaning
Gesetzt aus der Bodoni Book 12/14˙
Druck und Bindung: C. H. Beck'sche Buchdruckerei, Nördlingen
Gedruckt auf säurefreiem, chlorfrei gebleichtem Papier
Printed in Germany · ISBN 3-423-20267-X

Für
Ulrich (Jupp) Trapp
und
Peter Weiss,
die die Leidenschaft mit mir teilen,
meine Mutter,
von der ich die Geduld,
und
meinen Vater († 1981),
von dem ich die Ungeduld habe.

Inhalt

Basteln, Heimwerken, Handwerken

»Handwerken«, sagt Jupp, »ist die professionelle Vergewaltigung natürlicher Werkstoffe.«

»Mit vorwiegend nichtmaschinellen Mitteln, sprich
Werkzeugen«, ergänze ich.

Jupp nickt.

»Und Basteln?«

»Das ist die unprofessionelle Vergewaltigung«, sagt
er.

»Und Heimwerken?«

»Das ist die unprofessionelle Vergewaltigung der
Werkstoffe mit unzureichenden maschinellen Mitteln.«

Mir paßt – außer für die Beschreibung des Heim-
werkens – das Wort »Vergewaltigung« in diesem Zusammenhang nicht. Ich denke an die sogenannten Ur-Hand-
werke. Rechenbauer aus Graubünden, Korbflechter aus
der Tundra, Äxteschmiede aus Finnland. Schöne, far-
big-prachtvolle Bücher habe ich bekommen, als ich sagte,
ich schreibe über Handwerk. In ihnen weht ein Geist
vom Einssein des Menschen mit dem Werkstoff. Und
auch die Filme, die das Bayerische Fernsehen unter
dem Überbegriff ›Unter unserem Himmel‹ im kostbaren
dritten Programm bringt, zeigen Menschen beispielsweise aus hintersten Dörfern des Bayerischen Waldes,
die tief verwurzelt und voller Ehrfurcht vor der Schöpfung
aus gottgegebenem Eisen, Holz oder Glas Gegenstände

gleichsam zaubern, die der Mensch braucht oder auch nicht, Zangen, Schindeln, Christbaumkugeln. Diese Menschen gehen in ihrem Werkstoff auf, sie sehen aus wie er, sie kriechen in ihn hinein, sie beschwören, besprechen, streicheln und liebkosen ihn, sie reden, beten, singen zu ihm, bis er unter ihren uralten Händen, die sie aus einer fernen Zeit herübergerettet haben, die gewünschte Gestalt annimmt. Manche erinnern mich an den Schickeria-Öko-Großmetzger mit Massentierhaltungsmetzgervergangenheit, der in Broschüren seinen Kunden kundtut, daß er sich vor dem Tier verneigt und sich bei ihm entschuldigt, ehe er es schlachtet bzw. schlachten läßt. Auch er versteht sich als Handwerker.

Angesichts der Handwerker hinter den sieben Bergen, deren Werkstätten uralten Höhlen ähneln, jubeln die Kameras des Nischenfernsehens. Schön ausgeleuchtete Bilder zeigen gegerbte Haut, gütige Augen, kräftige Arme, die wie Hämmer sind, dem glühenden Eisen gleiche, rote Gesichter und aufgeblasene Backen, aus denen die Glaskugel quasi geboren zu werden scheint. Und die Filmtexte verschweigen den Schweiß der Angesichte nicht, in welchem wir uns die Erde untertan zu machen haben.

»Von ›Vergewaltigung‹ ist da nicht die Rede, lieber Jupp.«

»Was willst du? Die Axt, der Stuhl, die Christbaumkugel, der Korb, die wachsen alle nicht so in der Natur. Oder?«

Richtig. Der finnische Schmied härtet das Eisen zigmal, bearbeitet es in zehn Schichten, bis er eine scharfe Schneide bekommt. Die Firma Thonet biegt geradegewachsene Hölzer zu Kreisen und anderen Rundungen, von der Tortur

mit dem Glas ganz zu schweigen. Gut, ich lasse den Begriff Vergewaltigung gelten.

Wer einen Handwerker zum Freund habe, so heißt es in einem der ethisch untadeligen Bücher, müsse um sein Lebensglück nicht bangen. Ja, der Handwerker kleidet dich, macht dir Schuhe, baut dir ein Haus, einen Stuhl, einen Tisch und ein Bett, sorgt für deine Heizung, backt Brot, keltert Wein, braut Bier, schlachtet und kocht für dich. Man kann mit dem Handwerkerfreund allein durchs Leben kommen – wenn man Geld oder einen Gegenwert im Tausch anzubieten hat. Denn das Brot des Bäckers und der Tisch des Tischlers und das Fleisch des Fleischers sind sehr viel teurer als all das aus der Fabrik. Womit der Begriff Handwerker schon definiert ist: individuelle, vorwiegend von Hand betriebene Tätigkeit zur Herstellung von Gebrauchsgütern im Gegensatz zur industriellen, vorwiegend maschinellen Massenfabrikation.

Handwerk hat goldenen Boden, heißt es auch so schön. Das mag sogar heute noch oder wieder stimmen, denn trotz der hohen Arbeitslosigkeit werden Handwerker mit solider Ausbildung wieder gesucht, und es ist immer noch nicht einfach, einen guten Handwerker für kurzfristige Arbeiten zu bekommen.

Die Grenzen sind heute fließend. Früher war der Handwerksbetrieb für Neuherstellung, Montage, Instandhaltung und Reparatur zuständig. Heute verkauft der Schuhmacher italienische Schuhe, die von der Qualität her seinem Anspruch überhaupt nicht genügen können. Der Installateur hat einen Badezimmer-Neuheiten-Ausstellungsraum, der größer ist als seine Werkstatt. Handwerk, Handel und Industrie haben sich vermischt.

Es gibt heute Berufe, die Lehrberufe sind, das heißt, man kann sie erlernen, die man als eigenständige Berufe gar nicht unbedingt begreifen möchte. Gebäudereiniger, Bodenleger und Spritzlackierer z. B. In diesen Berufen tummeln sich die Angelernten, die in Zeiten guter Auftragslage lieber schnell einem hohen Verdienst (Akkord) nachjagten, statt eine seriöse Ausbildung zu machen. Die fortgeschrittene Mechanisierung in diesen Disziplinen erleichterte den Seiteneinstieg, eine Entwicklung, die auch im klassischen Handwerk zu beobachten ist. Man muß nicht mehr einen Beruf erlernen, sondern nur noch lernen, die Maschine zu bedienen.

Die aus Amerika herübergeschwappte »Do-it-yourself«-Bewegung hat diesen Trend begünstigt. Die Baumärkte suggerieren jedem, der glaubt, zu wissen, wie man einen Hammer und eine Zange anfaßt, daß er alles in seinem Heim selbst machen kann, wenn er nur das nötige Werkzeug – sprich: die richtige Maschine hat. Und das Material wird – meist in schlechter Qualität – gleich mitgeliefert. Wo es dann mit dem Selbermachen nicht klappt, da ist der Schwarzarbeiter zu Stelle. Auch er ist meistens ein Berufsfremder, hat Metzger gelernt, am Fließband gearbeitet, ein Eigenheim erwerkelt und dabei alles gelernt, und verdient sich jetzt nach der Frühpensionierung oder am Feierabend sein Geld. Gutes Geld. Er bekommt zwar nur etwa ein Drittel des Handwerkerendlohns, aber er versteuert es nicht. Für alle Beteiligten außer dem Finanzamt eine gute Rechnung.

Zwischen all diesen Gelernten, Halbgelernten, Angelernten, Einsteigern, Aussteigern und Seiteneinsteigern, Bastlern, Selbermachern, Dilettanten und Halbkünstlern,

Heimwerkern, Freizeitmaurern, Hobbybaumeistern und Schwarzarbeitern bewegt sich eine Spezies, die ich »Handwerkende« nenne. Von ihnen – zu denen ich mich zähle – will ich berichten. Vor allem aber von der immerwährenden, einen vermutlich ein Leben lang begleitenden Lust, Handwerkliches zu tun, mit den Händen und ihnen adäquaten Werkzeugen immer wieder Dinge zu schaffen, die im besten Falle auch nützlich sind, aber vor allem dem selbstgestellten Anspruch von Qualität entsprechen, ohne daß ihre Anfertigung dem eigenen Broterwerb dient. Das heißt, es soll vom nichtprofessionellen, ungelernten, aber am Profi orientierten Handwerkenden die Rede sein.

Knipp, Knipp

Meine ersten kindlichen Begegnungen mit dem unbeugsamen Willen des Menschen, mittels seiner Phantasie und ausreichend geschickter Hände Dinge zu erzeugen, die den Erbauer selbst zutiefst befriedigen, aber für niemanden sonst wirklich einen Sinn ergeben, waren die mit meinen Onkeln Franz und Walter. Sie waren Bastler, wie ich sie später verabscheute.

Onkel Walter, von Beruf Eisenbahner, baute zeit seines Lebens Schiffe aus Streichhölzern, aus vielen, vielen Streichhölzern. Während Schiffe sonst mit der Angabe von so und so vielen Bruttoregistertonnen zu imponieren pflegen, war es bei Onkel Walter die jeweilige Anzahl der verarbeiteten Streichhölzer. MS Fürst Bismarck – 60.000 stand da. Oder Kreuzer Hindenburg – 85.000. Und wenn Tante Leni, Walters Frau, manchmal stöhnend sagte, »Oh hätten wir für jedes Hölzchen einen Pfennig, wir wären wirklich reiche Leute!«, dann begriff ich sehr früh schon, daß die Leidenschaft des einen leicht identisch mit dem Leiden des anderen sein kann. Und ich konnte mit dem Satz »Leidenschaft, die Leiden schafft«, den mein Vater, der ein Mensch fertiger Sätze war, oft sagte, etwas anfangen. Tante Leni litt ansonsten still. Ihre zunehmende Schwerhörigkeit begünstigte ihre Leidensbereitschaft, denn die aufdringlichste, für den Außenstehenden kaum zu ertragende Begleiterscheinung des Walterschen Schiffsbaus war das Abschneiden der Streichholzköpfe, das »Abknippen«, wie der Onkel

14

das nannte. Mit einer kleinen scharfen Zange schnitt er die Köpfe ab. Knipp, machte das, knipp, pausenlos knipp. Ich hab das Knipp noch im Ohr, denn Onkel Walter schnitt zu jeder Zeit und immer, im Garten oder im Wohnzimmer, beim Radiohören oder später beim Fernsehen, Streichholzköpfe ab. 60.000mal knipp für Bismarck, 85.000mal für Hindenburg. Knipp ein Leben lang. Wenn ich Onkel Walter besuchte, hatte ich nach drei Minuten eine Zange in der Hand und schnitt Streichholzköpfe ab. So erging es jedem, der Onkel Walter und Tante Leni besuchte. Überall im Haus lagen Zangen und Streichhölzer bereit. »Mir stiehlt keiner die Zeit«, sagte Onkel Walter, damals, als man ihn noch besuchte. Mein Vater ging irgendwann nicht mehr hin. Zwischen ihm und Onkel Walter kam es zum endgültigen Bruch, als mein Vater, der Kettenraucher, eines Tages alle über ein Jahr gesammelten, abgebrannten, zur Hälfte verkohlten Streichhölzer – nach meiner Erinnerung war es ein großer Karton voll – brachte. Walter verachtete das Geschenk. Er wollte jungfräuliche Streichhölzer haben. Selbstverständlich war Onkel Walter Nichtraucher. Irgendwann vermieden es alle, die beiden zu besuchen. Sie wurden sehr einsam. Leidenschaft kann ausgrenzen, auch das lernte ich damals.

Onkel Walter, der in seinem ganzen Leben kein Meer, geschweige denn einen großen Dampfer gesehen hatte, traf sich einmal im Monat in einem Wirtshaus mit Gleichgesinnten. Da zeigten sie sich ihre neuesten Werke, diskutierten architektonische Probleme, pflegten naturgetreue Maßstäbe und verachteten gemeinsam diejenigen, die aus Streichhölzern Kirchen oder sogar Phantasiegebäude bastelten. An diesen Abenden knippten sie nicht.

Onkel Walter starb früh, und bei der Beerdigung warf mein Vater eine Schachtel Streichhölzer ins offene Grab auf den Sarg. »Da, alter Junge«, sagte er, »kannst du dir im Jenseits ein Schiffchen bauen!« Über diesen in ihren Augen rohen Akt weinte Tante Leni mehr als über Onkel Walters Tod. Über den kam sie schnell hinweg, indem sie sich mit einem seiner Vereinskameraden tröstete, der nur Bodenseeschiffahrtsdampfer baute, selbstverständlich aus Streichhölzern. Mit meinem Vater sprach Tante Leni nie mehr.

Hätte es in unserer Familie nur Leute wie Onkel Walter und meinen Vater gegeben, könnte man sagen, wir waren eine normale Familie. Es gab aber noch Onkel Franz, mein zweites frühkindliches Bastelvorbild. Onkel Franz war von schlichtem Gemüt, einfach und gutmütig. Als Kind, so hieß es, habe er eine Gehirnhautentzündung gehabt, die sein Denkvermögen beeinträchtigt habe, weswegen es das Glück schlechthin gewesen sei, daß er eine so gütige, verständige, liebende Ehefrau wie Maria bekommen habe.

Onkel Franz war sehr kräftig, groß, ein Schrank von einem Menschen. Er arbeitete bei einer Möbelspedition, wo man seine Kraft gern lobte. Seine Leidenschaft hieß Laubsägen. »Wenn wir für jedes gerissene Laubsägeblatt eine Mark hätten«, sagte Maria oft, »wir wären wahrlich reiche Leute.«

Solche Seufzer waren bei den Frauen in unserer Familie, die ja, selbst wenn sie wollten, nichts zum Familienunterhalt beitragen durften, sehr beliebt. Meine Mutter zum Beispiel hatte sich entschieden, für jede gerauchte Zigarette meines Vaters zehn Pfennige haben zu wollen, um zu den »wahrlich reichen Leuten« zu gehören.

Onkel Franz, seinem schlichten Verstand folgend, baute, sägte Schlüsselbrettchen. Nur Schlüsselbrettchen. Sie hatten eine rechteckige Form, und auf die obere Längsseite war oben ein Kreissegment draufgesetzt. Dafür hatte Onkel Franz eine Schablone. Der Rand war mit einer umlaufenden Reihe von Rundungen verziert, die er mit einer Halbrundfeile liebevoll und sehr präzise feilte. Die schöpferische Vielfalt erschöpfte sich in der Anzahl der Häkchen für die Schlüssel. Da die ganze Verwandtschaft mit den Schlüsselbrettchen beglückt wurde – Weihnachten, Geburtstage, Namenstage, Jubiläen waren willkomene Anlässe für Onkel Franz, Schlüsselbrettchen zu schenken – hatten wir Schlüsselbrettchen von zwei bis sechs Häkchen, alle vielfach. Mehr als sechs Häkchen fertigte der Onkel nie an, da er niemanden kannte, der mehr als sechs Schlüssel besaß. Wir hatten einen einzigen Hausschlüssel, nur den einen Hausschlüssel. Dennoch hingen bei uns wie bei allen Verwandten zahlreiche Schlüsselbrettchen herum. Daran hingen Gummiringe, Dichtungen, Schnüre, Zettel, alte Rechnungen, Drahtstücke, Blumenbast, Kordeln, Schuhbänder, aller Krimskrams, der sich dazu eignete, aufgehängt zu werden.

Wie jahrzehntelange Ehen plötzlich zerbrechen, weil eine Nagelfeile verlegt, eine Büroklammer verbogen oder die Taschen einer neuen, für das Begräbnis gekauften Jacke sich auf dem Friedhof am Grab bei kalter Temperatur als noch zugenäht erwiesen haben, so gab es auch in der Ehe von Onkel Franz und Tante Maria eine große Krise. Was der eigentliche Auslöser war, konnte Tante Maria später nicht mehr sagen, Tatsache aber war, daß sie im Streit zu ihm gesagt hatte, daß sie diese Schlüssel-

bretter nicht mehr sehen könne, daß die niemand mehr brauche und daß sie allen Leuten zum Hals heraushingen. So hatte der Onkel die Angelegenheit noch nie betrachtet. Er warf alle fertigen und halbfertigen Schlüsselbrettchen ins Feuer, zerschlug am Küchenbüfett und an Tante Marias Kopf seinen Laubsägebogen und lief davon. Erst atmete die Tante auf, dann bekam sie Angst, ging zur Polizei und meldete ihren Mann als vermißt. Nach einer Woche war er wieder da, als wäre nichts gewesen. Aber er laubsägte nicht mehr. Von seiner Leidenschaft zeugten nur noch die vielen kleinen Kerben im Küchentisch. Niemand erfuhr je, wo er gewesen war. Daß er in die Stadt gefahren war, in die Straßen mit den vielen großen Mietshäusern, daß er dort vor den Türen stand und angesichts der vielen Klingelknöpfe dachte: Jeder Knopf eine Wohnung, jede Wohnung ein Schlüssel, welche Perspektiven, was für Möglichkeiten, welch ein Bedarf an Schlüsselbrettchen! das denke ich mir heute aus.

Tante Maria hatte wirklich Größe. Als Onkel Franz pensioniert wurde und nun seine Hände keine Möbel mehr trugen, keine Lieferzettel mehr aushändigten, kein Trinkgeld mehr annahmen, kein Butterbrot mehr aus der Zeitung wickelten und keine Lochkarte mehr in einen Schlitz schoben, sondern sinnlos und tatenlos in seinem Schoß lagen, als der Onkel wehmütig vor sich hinstarrte und den Sinn des Lebens nicht mehr zu finden vermochte, schenkte ihm Tante Maria zu Weihnachten einen neuen Laubsägebogen, Sägeblätter, ein neuartiges Sägebrettchen, bei dem man nicht mehr in den Küchentisch sägen konnte und Sperrholz – in der Stärke bestens geeignet für Schlüsselbrettchen.

Die Familie schwankte zwischen Zufriedenheit und Bangen. Schon sah sich mein Vater, der nach einer gescheiterten Karriere als Vertreter für einen Lesering nun Vertreter für gesunde, malzhaltige Kinderzusatznahrung war, genötigt, allen seinen Kunden anzukündigen, daß er demnächst sehr günstig an handgefertigte, bestens gearbeitete Schlüsselbrettchen käme. Nun, da seine Leidenschaft in den geschäftsmännischen Planungen meines Vaters bereits einen festen Platz eingenommen hatte, weigerte sich Onkel Franz, weiterhin Schlüsselbrettchen zu bauen. Glücklich, seinen Händen wieder Sinn geben zu dürfen, laubsägte er zwar unverzüglich und besessener denn je vor sich hin, aber es entstanden seltsame Gebilde, abstrakte Figuren, die er zudem noch knallbunt bemalte und an die Wand hängte. Tante Maria verzweifelte nun auch an sich, denn an seinem Verstand zu zweifeln war ohnehin angemessen und üblich. Die Verwandtschaft staunte, die einen tippten sich an die Stirn und hielten eine psychiatrische Konsultation für praktisch unumgänglich, andere, wie mein um ein Nebengeschäft betrogener Vater, belachten Onkel Franz, und wieder andere, ich zum Beispiel und meine Mutter, versuchten vergeblich Form, Wert und Sinn in des Onkels Schöpfungen zu sehen.

Als Onkel Franz in hohem Alter starb, sagte mein Vater angesichts der Unmenge seltsamer, meist nierenförmiger Figuren, die lieblos in einem großen Karton lagen: »Schaut euch das an, so sah's in seinem Hirn aus. Man sollte es in die Anatomie bringen, das wäre sicher interessant!« Ich verachtete meinen Vater für diesen Satz. Zu der Zeit hatte ich mich innerlich schon von ihm los-

gesagt. Ich lebte schon in einer anderen Welt. Er hatte mich auf die Schule geschickt, wo ich lernte, Fragen zu stellen. Aber er gab mir, wie viele Väter und Mütter seiner Generation, keine Antworten.

Damals zweifelte ich am Gehirn meines Vaters mehr als an dem von Onkel Franz. Der, so erzählte man in der Familie, hatte überall auf die Nazis geschimpft und auf dem Weg zu seiner Arbeit in der Spedition stets einen Umweg gemacht, damit er die Wachposten vor einer Kaserne nicht mit dem Hitlergruß grüßen mußte. Mein Vater hatte nicht nur kein Problem mit diesem Gruß, er war auch in der Partei, und er hatte beim Autobahnbau einen Aufseherjob. Die Zeit, da sich Onkel Franz um das Grüßen drückte und mit der Bedrohung lebte, wegen seiner Behinderung abgeholt zu werden, war für meinen Vater die schönste Zeit seines Lebens.

Meine Mutter, von der ich nicht unerwähnt lassen darf, daß sie vortrefflich Stroh flachbügeln und daraus Sterne basteln konnte, was in den schlechten Zeiten, die den guten gefolgt waren, sogar für unser mageres Auskommen von Bedeutung war, weil mein Vater die Sterne an seine damals noch Lesering-Kunden verkaufte, sorgte dafür, daß ich kaum mehr Kontakt zu Onkel Franz hatte. Sie hatte Angst, daß die von ihr bei mir entdeckte und geförderte Fertigkeit im Ausschneiden, Basteln, Kleben in eine unkontrollierbare, verstandeslose, archaische Richtung abdriften könnte. Onkel Franzens Einfluß schien ihr zu schädlich. So wurde aus mir ein behüteter, vorzüglicher, nicht nur vorweihnachtlicher Bastler, der seinen Eltern und einem Teil der Verwandtschaft mit Sternen aus Gold und Glanzpapier, flach oder drei-

dimensional, Engeln aus Stroh, Krippenfiguren aus Streichhölzern (knipp!), biblischen Landschaften aus bemaltem Gips, selbstbemalten Ostereiern, niedlichen Beleuchtungen im Stall zu Bethlehem und allerlei brav Gezeichnetem lange Jahre Freude bereitete.

Die Zweifel an der allgemein verständlichen Form und am Credo von Sinn und Zweck, der die Mittel heilige, kamen bei mir viel später. Heute erst nähere ich mich der künstlerischen Freiheit des Onkel Franz, etwas zu schaffen, möglichst präzise mit gutem Werkzeug aus bestem Material, das sich jedem Sinn und jeder Bedeutung außer der der Perfektion entzieht. Darüber wird später noch zu reden sein.

»Wenn du sitzenbleibst, wirst du Schreiner«

In meiner Familie gab und gibt es keine Handwerker. Es gab kleine Beamte, Angestellte mit Ärmelschonern, Eisenbahner, die so unwichtig waren, daß ihr Ausfall keinen Fahrplan beeinflußt, geschweige denn einen Eisenbahnunfall bedeutet hätte. Es gab die Handlungsreisenden, wie meinen Vater, einen Gartenbauingenieur, einen Militärmusiker, einen Berufsunteroffizier und dergleichen mehr. Eine unnütze, teils uniformierte Anhäufung von Wichtigtuern, die ihre Familien kaum ernähren konnten, aber zutiefst in ihrer Ehre gekränkt gewesen wären, wenn ihre Frauen gearbeitet hätten. Eine solche Familie ist, wenn sie sich zu Familienfesten zusammenrottet, ein Hort von Intoleranz und Vorurteilen, von Arroganz und Hochmut. Sie alle waren in der sogenannten großen Zeit wichtig gewesen, und sie mußten nach dem Krieg in einer Demokratie, die nicht nach ihrem Wunsche war, mühsam wieder Fuß fassen. Sie waren Mitläufer, kleine, nützliche Eiferer. »Wir haben die Züge nach Dachau abgefertigt, Stempel auf die Papiere und ab damit, was da drin war, das hatte uns nichts anzugehen«, sagte mir Onkel Walter, der Eisenbahner, einmal. So waren sie alle. Für sie war im Wirtschaftswunder, wo Fleiß und Leistung mehr zählten als großspurige Worte, kein Platz. Das wollten sie nicht wahrhaben, denn sie waren hochmütig.

Ihr Hochmut ließ sie die Handwerker, diesen aufstrebenden Mittelstand, verachten. Denen konnte man keine Lesering-Abonnements und keine malzhaltige Kinderzusatznahrung verkaufen, die brauchten keinen Architekten für ihren Garten und sie fuhren auch nicht mit der Eisenbahn, da sie früh schon Autos hatten. Sie brachten ihre Handwerksbetriebe mit Fleiß nach oben, sie sparten, hielten das Geld geschickt zusammen, ließen die Frauen die Büroarbeit machen, schickten ihre Kinder aufs Gymnasium, fuhren einmal im Jahr nach Italien auf Urlaub und hielten diesen windschiefen Existenzen, für die mein Vater stand, ihren gesicherten Wohlstand entgegen.

Die Handwerker waren für meinen Vater unzuverlässige Spießer, phantasielose Fachidioten, unflexible, raffgierige Kleinsparer, Neidhammel, kurz Deutsche, wie er sie nicht haben wollte. Dazu muß ich sagen, daß es allerdings auch eine Demütigung gewesen sein dürfte, mitansehen zu müssen, wie sich neben seinem mühsam ermöglichten kleinen Fünfziger-Jahre-Haus, das er bis zu seinem Tod in den achtziger Jahren nicht hatte abzahlen können, ein kleiner Schreinereibetrieb beharrlich weiterentwickelte, expandierte und zu stattlicher Größe heranwuchs. Das hat Vater nie verwunden. Und als der Nachbar dann auch noch seine Kinder – sechs an der Zahl – alle etwas lernen ließ, jedem ein Auto kaufte und ein Haus baute und eine Existenz sicherte, den Enkeln Klavierunterricht und Reitstunden ermöglichte, da wollte mein Vater sein Alter nicht mehr hier verbringen.

Heute besteht die Schreinerei neben meinem immer unscheinbarer wirkenden Elternhaus aus einem kleinen Baumarkt, einem großen Holzbedarfsladen, einem riesi-

gen Lager, Büros und einer Werkstatt, die eher schon eine Fabrik ist. »Holz-Center-Holzmann« steht auf einem Schild.

Es ist keine Erfindung von mir, daß die Familie, der die Schreinerei gehört, Holzmann heißt. Ich hab das in Dörfern öfter vorgefunden, daß der sogenannte Schreibname der Familie teils identisch mit dem Beruf war. Neben Holzmanns sind mir noch Familien mit den Namen Holzer, Hölzel, Schuster, Gärtner und Baumgärtner bekannt. In allen Fällen gab es in diesen Familien seit Menschengedenken Schreiner, Schuhmacher oder Gärtner. Der Beruf hat also einmal den Namen gegeben.

Als die Schreinerei Holzmann sich noch in der Scheune hinter dem Haus befand und »Bau- und Möbelschreinerei Fritz Holzmann & Söhne« hieß, war sie für mich das Paradies. Der Geruch von Holzleim, Sägemehl und Firnis war für mich die erste Droge. Kaum von der Schule zu Hause, schnell etwas gegessen, war ich schon in der Schreinerei. Dort arbeiteten drei Generationen, Großvater, Vater und Sohn bzw. Enkel. Die erste Tätigkeit, die man mir anvertraute, war das Ausbohren von Astlöchern in Brettern. Mit einem Rundbohrer in einer Handbohrwinde bohrte ich die Aststücke heraus, setzte leimbestrichene Holzrädchen in die Löcher, achtete auf die Maserung und klopfte mit einem Holzhammer die Rädchen fest. Aus den Rädchen – an einfache Holzklötze geschraubt – entstanden meine ersten Eisenbahnen. Bald durfte ich die Bretter auch schleifen, so daß ich sah, wie schön meine Korrektur der Natur gelungen war. Jetzt lernte ich den Umgang mit Holz, Werkzeugen und Maschinen, lernte junges und altes,

Laub- und Nadelholz zu unterscheiden, Sägen zu schleifen, Hobelklingen und Stemmeisen (Stechbeitel) abzuziehen, lernte Abrichten, Hobeln mit der Maschine, Schleifen und Hobeln mit der Hand und Fräsen. Ich lernte die Schritte, die das Holz vom Baumstamm bis zur Latte, zur Leiste oder zum Brett macht. Ich lernte mit dem Meterstab umzugehen und Aufrisse zu machen, mit der Wasserwaage umzugehen, und ich wurde auf den Bau mitgenommen, half Fenster und Türen zu setzen, Parkette abzuziehen, Einbauschränke einzupassen. Ich lernte das, was ich bewunderte, beobachtete und heimlich oder erlaubt ausprobierte. Den Holzmanns gefiel meine Neugier, und Fritz, der mittlere, der etwa so alt wie mein Vater war, sagte oft: »Bub, schmeiß die Schule hin, das führt doch zu nichts, mach bei uns eine Lehre.« Der alte Holzmann, der auch Fritz hieß, aber Opa genannt wurde, nickte bedenklich und meinte, das wäre meinen Eltern wohl nicht recht.

Ich wurde in der Schule schlecht, drohte, nicht versetzt zu werden, denn meine Gedanken waren bei Tanne, Fichte, Buche, Esche, Rüster, bei Hobeln und Falzhobeln, bei Fenster- und Türenbeschlägen, bei Holzleim und Holzkitt, bei Fritz-Senior und Fritz-Junior – und damals schon – bei phantastischen Dingen, die ich mir einmal bauen würde – nicht aber bei Latein, Algebra, Englisch und Geschichte.

»Wenn du sitzenbleibst, dann bist du zu dumm für die Schule. Dafür legen wir uns nicht krumm. Wenn du es also nicht schaffst, dann wirst du eben Schreiner«, sagte mein Vater. Meine Mutter ahnte, daß das, was mein Vater als finsterste Strafmaßnahme und Drohung ansah,

bei mir jegliche pädagogische Wirkung verfehlte. Im Gegenteil. Ich sah eine Perspektive, ich war selig, sah meine Zukunft rosiger vor Augen als angesichts von Latein und dergleichen und beschloß, es darauf anzulegen, sitzenzubleiben. Doch diese Rechnung hatte ich ohne meine Mutter gemacht. Sie durchschaute mich und stellte sofort einen festen Stundenplan auf. Sie legte fest, wann ich Schularbeiten zu machen hatte und wann ich in die Schreinerei durfte, sie fragte Lateinvokabeln ab und saß nächtelang da, um sich selbst auf den Stand in Englisch zu bringen, den wir in der Schule erreicht hatten. Sie gab sich alle Mühe, denn eines hatte sie, die den Wohlstand vor unserer Haustüre immer nur vorbeigehen sah, sich in den Kopf gesetzt: Der Sohn lernt was Solides, der soll es einmal besser haben. Und sie hatte eine ganz klare Orientierung, denn der einzige in unserer Familie, der in ihren Augen etwas darstellte, war der Mann ihrer dritten Schwester Barbara, Karl, ein Rechtsanwalt. Denen ging es gut. Die hatten in einer »gehobenen Wohngegend«, wie meine Mutter das nannte, einen Bungalow mit Fußbodenheizung, Keller, zwei Garagen und Hobbyraum. Der große Garten wurde von einer Gartenbaufirma angelegt und gepflegt, Barbara lag viel in einer Hollywoodschaukel und las dicke Romane, während im Gartenteich ein Springbrunnen plätscherte, und sie konnte es sich sogar leisten, Karl, als der eine junge Geliebte hatte, zu verlassen, ohne sich in ihrer Lebensweise einschränken zu müssen.

Manchmal, solange Barbara und Karl noch zusammen waren, holten sie mit ihrem »Mercedeswagen« meine Eltern und mich ab, um mit uns in einem Restaurant essen

26

zu gehen. Da führte Barbara ihre Garderobe vor, redete von Maniküre und Pediküre, von der Putzfrau und von den japanischen Zierbäumchen, die das Stück ein paar hundert Mark kosteten. Meine Eltern staunten, und Karl machte eine wegwerfende Bewegung und sagte: »Was soll's, das Geld ist ja da.« Karl zahlte dann die ganze Rechnung, was mein Vater, der längst mit der Kellnerin schäkerte, geschickt übersah. Meine Mutter bedankte sich mit einem »Das-wäre-doch-nicht-nötig-gewesen«, was natürlich gelogen war. »Was soll's, Paula«, sagte Karl, »das Geld liegt auf der Bank herum, es muß unter die Leute, und ins Grab kann ich's nicht mitnehmen.«

So wie Karl sollte ich auch werden. Und meine Mutter, die zeit ihres Lebens jede Ausgabe dreimal abwägen mußte, hatte auch einen Hintergedanken: Barbara konnte keine Kinder bekommen, es würde für Karls Kanzlei einmal keinen Nachfolger geben, und da könnte ich doch dann einsteigen.

Ich blieb nicht sitzen, ich wurde kein Schreiner, aber auch kein Rechtsanwalt.

Wäre ich damals Schreiner geworden, ich könnte heute nicht von einer Passion schreiben. Ich hätte mich, wie alle Handwerker, auf diese eine Disziplin beschränkt, ich hätte irgendwann einmal die Tische, Stühle, Büfetts, Betten, Türen und Fenster, die ich gebaut hatte, nicht mehr zählen können, sie hätten keine Bedeutung für mich, ich hätte andere Leidenschaften – Fußball, Tennis, Scheibenschießen, Angeln, Jagen oder Tiefsee- tauchen, was weiß ich. Ich kann heute alle meine von mir je gebauten Gegenstände Revue passieren lassen, ihre Perfektion sehen, aber auch ihre Mängel. Mit man-

chen lebe ich noch. Regale haben sich über die Jahre verändert, sind der jeweiligen Lebensform angepaßt worden, manches entspricht nicht mehr meinem heutigen Geschmack, anderes war eben doch nicht fürs Leben gebaut, vieles wurde verschenkt oder landete auf dem Sperrmüll. Ich habe mich über die Jahre auf allerlei Handwerke eingelassen. Elektro, Sanitär, Anstreichen, Dachdecken, Bodenlegen etc. Ich habe Radios repariert, Transistorgeräte gebaut, das Löten gelernt und das Schweißen, ich habe Modellflugzeuge und Vogelhäuschen, Hundehütten und eine Musiktruhe gebastelt. Ich habe mir in den Ferien bei verschiedenen Handwerkern Taschengeld verdient, und ich wurde – das war erst ein Triumph, später eine Last – überall da in der Familie gebraucht, wo man sich gern einen Handwerker sparte.

Vaters Hühnerstall

Bei Tante Maria war die Stehlampe kaputt. Onkel Franz, nur auf Schlüsselbrettchen spezialisiert, konnte sie nicht reparieren. »Ich hab es mir angesehen«, sagte mein Vater, »nur ein Wackelkontakt.« Repariert hat er ihn nicht. Ich war dran. Und Tante Leni wollte so gerne »so ein kleines Brettchen, da in die Speisekammer unters Fenster«. Da man das aus Onkel Walters Streichhölzern nicht bauen konnte, war ich dran – »und bei der Gelegenheit kannst du mir auch ein Fliegengitter anbringen«. Ich war immer dran. Mein Vater protzte mit meinem Talent (als hätte ich es von ihm geerbt), und ich mußte bei Leuten, die gerade gute Kunden bei ihm waren, die ich aber gar nicht kannte, Tauchsieder reparieren, Steckdosen verlegen oder bei alleinstehenden Frauen Schlüsselbrettchen anbringen. Ich hatte manchmal das Gefühl, mein Vater kassierte heimlich für meine Arbeiten, denn seltsamerweise bekam ich oft nicht einmal ein Trinkgeld.

Sicher bin ich, daß ich es meiner Mutter zu verdanken habe, daß ich nicht ein Faktor in Vaters ständig sich verändernden Geschäftsorientierungen geworden bin. Er, glaube ich, wäre gern mit mir auf Tournee gegangen, wie Leopold Mozart mit dem kleinen Wolfgang Amadeus. Wir hätten Werkzeug und Ersatzteile in Vaters Auto gehabt, wären in Gaststätten abgestiegen, die Leute hätten von überall ihre kaputten Gegenstände gebracht, und ich hätte sie repariert. Er hätte schwadroniert, den

Schaden festgestellt und registriert, mich aufgefordert, ihn zu beheben und die Leute während der Wartezeit unterhalten.

»Oh, schöne Frau, das Radio kaputt? Lassen Sie mal sehen. Ja, das Lautsprecherpotentiometer ist hinüber. Das macht Ihnen mein Sohn. Der Herr Gemahl kann das nicht? Naja, wenn er sonst – oh, gestorben, das tut mir aber leid. So jung und schon Witwe. Passen Sie auf, gute Frau, gehen Sie schön mit dem Gerät nach Hause, wir kommen dann vorbei – darf's vielleicht auch ein Schlüsselbrettchen für innen an die Haustür sein? Ja, doch, macht sich gut. Und im Schlafzimmer soweit alles in Ordnung? Dann bis später, Madame.«

Meine Mutter bewahrte mich davor – der Schule und der höheren Ziele wegen.

Auf dem Bau nannten wir solche wie meinen Vater die Arbeitanschauer. Zwei linke Hände, von allem etwas Ahnung, eine Spur Bildung und Wissen, ein geöltes Mundwerk, Sprüche und Charme. Heute sind solche Leute Subunternehmer – wie mein Freund Leopold, von dem noch zu reden sein wird.

Damals waren Menschen mit dieser Begabung Vertreter – wie mein Vater. Er konnte jedem jederzeit das Gefühl vermitteln, daß er natürlich all das selbst bauen und reparieren könnte, daß er von allem etwas verstand, und daß es gerade im Moment nur an seiner Überarbeitung läge, warum er nicht selbst Hand anlegte. Manchmal unterstrich er seine erklärte Bereitschaft, zu helfen und zu handeln und die Dinge in Gang zu bringen, mit einem kurzen Handgriff. Er strich eine halbe Zaunlatte von den dreihundert zu streichenden, er machte zwei

Spatenstiche, wo eine Grube auszuheben war, um den toten Hund zu begraben, oder er zeichnete mit dem Bleistift an, wo ein erster von vielen Nägeln einzuschlagen war. Dann klopfte er imaginären Staub von Händen, Jacke und Hose und ging eilig davon, vermeintlichen Geschäften folgend, die er jetzt fast vergessen hätte. Daß er schon mit dem Einschlagen jenes ersten Nagels überfordert gewesen wäre, das begriff ich erst, als er sich tatsächlich einmal anschickte, etwas zu bauen. Das kam so:

Die Firma, für die mein Vater malzhaltige, gesunde Kindernahrung verkaufte, hatte Pleite gemacht. Wir hatten den Keller voll mit dem nicht mehr verkäuflichen, klebrigen Zeug in großen Blechdosen, mußten das noch jahrelang, ehe es dann doch verdarb, essen, und Vater hatte wieder mal keinen Job. In der Zeit brachte er mir das Schachspielen bei, das er im Krieg gelernt hatte. Er gewann immer und möbelte mit diesen leichten Siegen über mich sein lädiertes Selbstwertgefühl auf. Dann hatte er einen neuen Job. In einem Kombi fuhr er über Land und verkaufte ein neues, speziell entwickeltes, als Patent angemeldetes Hühnerfutter, das aus Soja und getrocknetem peruanischen, zerriebenen Fisch bestand. Die siebzehn Monate, die Vater diesen Job hatte, stank unser Haus nach diesem Futter. Nicht nur das Haus, auch die Kleider stanken danach. Ich saß in der Schulbank und roch diesen peruanischen Fisch. Seit damals esse ich keinen Fisch mehr.

Ein kleiner Bauernhof, von dem wir bisher unsere Eier bekommen hatten, weigerte sich, seine Hühner statt mit Körnern mit Vaters Futtermittel zu füttern. Fortan bezogen wir von ihm, der sich so schnöde dem Fortschritt verwei-

gerte, keine Eier mehr. Vater beschloß, wir sollten selbst Hühner haben. Eines Tages brachte er vier Hühner und einen Hahn (den war er sich schuldig) mit, aber wir hatten ja gar keinen Hühnerstall. »Dann bauen wir am Wochenende einen«, triumphierte er.

»Wer ist wir?« fragte meine Mutter ängstlich.

»Na ich – und der Junge kann mir zur Hand gehen.«

»Der hat nächste Woche eine Schularbeit in Latein, das kommt nicht in Frage.«

»Dann muß ich das eben allein machen!« schrie mein Vater. »Man muß ja hier anscheinend alles selbst machen.«

Wenn sich mein Vater unkontrolliert in eine Wut hineinmanövriert hatte, weil nun alle Geschicke der Welt an ihm hingen, erzeugte das für kurze Zeit heftige Betriebsamkeit. Er nahm Maß, rechnete, plante, zeichnete, verkleinerte, nahm wieder Maß, fuhr in die Stadt, kaufte ein Buch über Hühnerhaltung, rechnete, zeichnete, plante und vermaß von neuem und verkündete nach drei Tagen: »Der Stall ist quasi fertig, man muß ihn nur noch zusammenbauen.« Aber dafür habe er nun nicht auch noch Zeit. Wochen vergingen. Die Hühner schissen den Keller voll und Mutter war am Rande der Verzweiflung. Sie drohte mit Auszug, Weggehen, Trennung, Scheidung, und sogar mit Selbstmord. Damit bekam sie meinen Vater, der auf die Hühner auf keinen Fall verzichten wollte, so weit, daß der Bau nunmehr in Angriff genommen werden sollte. Just am Abend vor zwei schulfreien Tagen – ich wollte mit meinem Freund Benno eine Fahrradtour an den Starnberger See machen – wurden Latten, Hühnerdraht, Bretter, Dachpappe und Nägel an-

geliefert. Er ließ anliefern! Man hätte das alles bei Holzmann nebenan holen können, aber die hatten sich auch
geweigert, ihre Hühner mit dem besagten Futter zu füttern.
Am nächsten Morgen sollte es also losgehen, aus der
Fahrradtour wurde nichts, denn ich war als »Handlan-
ger« eingeplant. Schon früh ging Vater laut pfeifend, sich
Mut machend und mich weckend, durchs Haus. Dann
standen wir vor dem Material. Er ordnete an, legte die
Latten zu abenteuerlichen Rechtecken zusammen, mar-
kierte vage Schnittstellen auf den Latten, verteilte Nägel
und Werkzeug auf dem Boden, bereitete die Arbeit vor.
Ich durchschaute blitzschnell die Situation, ich erkann-
te, daß er nicht wußte, wie man eine solche Arbeit
beginnt, daß er zum Beispiel erst die Latten zusammennageln wollte, um sie dann an den Enden abzusägen. Es
kam mir töricht vor, aber in mir brodelte etwas. Ich wollte ihn scheitern sehen, ich wollte Rache üben für die
vielen Großspurigkeiten und nicht zuletzt für die verlo-
renen Schachpartien. Ich schützte ihn also nicht vor
Fehlern, ich ließ ihn auflaufen und scheitern. Heute
weiß ich, daß er gehofft hatte, ich würde ihn von dieser
Arbeit, der er jetzt nicht mehr entkam und die nicht die
seine war, erlösen. Ich tat es nicht. Auf seiner Stirn
standen schon Schweißperlen, er nahm den Hammer
und einen meiner Meinung nach viel zu großen Nagel,
und setzte ihn da an, wo er zwei Leistenenden im rechten Winkel aufeinandernageln wollte. Jetzt sah ich
etwas, das mir bis zu diesem Moment verborgen geblie-
ben war, weil ich es gar nicht für möglich gehalten hätte:
Mein Vater war tatsächlich so ungeschickt, daß er gar
nicht wußte, wie man einen Hammer hält! Ich hatte bis

zu diesem Zeitpunkt meines Lebens nicht gewußt, daß es einen erwachsenen Menschen (nein, Mann, dachte ich damals) gibt, der das nicht kann. Vater scheiterte kläglich und klassisch: Der Nagel spreizte beide Lattenenden so, daß sie sich spalteten, aufrissen, klaffende Holzwunden zeigten. Vater fluchte, schimpfte auf das viel zu wenig abgelagerte Holz, auf den Hammer, auf die Nägel, auf die Hühner und die Eier. Es wäre jetzt ein leichtes gewesen, das zu tun, worauf es ohnehin hinauslaufen würde: die Arbeit zu übernehmen. Ich hätte sagen können, laß uns das Holz erst auf die entsprechenden Längen schneiden, laß uns eine gute Unterlage nehmen usw. Aber ich war gemein, ich wollte meinen Triumph. Ich nahm den Hammer und einen kleineren Nagel, drehte den Nagel um, setzte ihn mit dem Kopf auf einen zweiten Hammer, der am Boden lag, schlug mit meinem Hammer leicht auf die Nagelspitze (der alte Schreinertrick), legte als Unterlage ein Brettchen unter die beiden zusammenzunagelnden Latten, damit sie nicht mehr federn konnten, setzte den Nagel an und trieb ihn hinein. Ich sah, was in meinem Vater vorging. Für den Bruchteil einer Sekunde dachte er höhnisch: Mein Gott, er will den Nagel verkehrt herum hineinschlagen. Dann verstand er, dann staunte er, und ein kleines bewunderndes Lächeln, ein Anflug von Stolz und Anerkennung stand in seinem Gesicht. Doch das Bewußtsein um die Niederlage war stärker, zumal ich jetzt nachlegte. Ich erklärte, wie ich die Arbeit beginnen und weiterführen würde. Fahrig, als sei ihm gerade was ganz anderes, aber sehr wichtiges eingefallen, hörte er zu und sagte dann: »Na, wenn du eh Bescheid weißt, dann muß ich

dir das ja nicht erklären, dann kannst du schon mal weitermachen. Ich fahre noch mal in den Laden rüber und hole noch Maschendraht. Das ist zu wenig, denn wir müssen auch oben drüber zumachen, wegen der Habichte, weißt du.«

Ich wußte. Ich wußte, daß es hier kaum Habichte gab, daß sie wenn, dann nur Küken holten, und daß niemand hier einen Hühnerstall oben zugemacht hatte.

Er ging und kam nicht wieder.

Spät in der Nacht, ich hatte bis zum Abend den Hühnerstall fast fertig, hatte wie besessen gearbeitet, hörte ich ihn betrunken die Treppe herauftorkeln. Am nächsten Morgen, als ich noch Feinarbeiten an meinem Hühnerstall vornahm, schlief er seinen Rausch aus. Am Nachmittag kam er heraus, jetzt wieder ganz Arbeitanschauer. Er zelebrierte seinen Auftritt. Langsam ging er um den Stall herum, machte das Tor auf und zu, machte sichtbar, ohne es zu kommentieren, daß der Riegel etwas streng ging, rüttelte an dem Stall, wie kein Wind je daran rütteln würde, überprüfte die Nägel, fand schließlich einen Nagel, den ich vergessen hatte, ganz reinzuschlagen, nahm den Hammer und schlug den Nagel den halben Zentimeter, den er noch herausstand, hinein, so, als sei dieser Nagel nun der wichtigste, quasi der Nagel des goldenen Schnitts unseres Hühnerstalls, als hielte dieser Nagel alles zusammen, als habe diese Arbeit erst jetzt den Segen der Götter. Dann schüttelte er den dadurch auf seine Hände geratenen imaginären Staub ab, auch von Hose und Jacke, nickte und gab seine Art Lob von sich: »Tadellose Arbeit, das hätte ich selbst nicht besser machen können.«

Das tat meinem Triumph keinen Abbruch. Ich war stolz, und er war fortan vorsichtiger, so daß es mir danach nur noch ein einziges Mal gelang, ihm gegenüber aufzutrumpfen:

Als meine Mutter krank war und zur Kur mußte, kam ich für ein halbes Jahr in ein Internat. Es war eine schreckliche, handwerkslose Zeit, die ich mit Schachspielen zubrachte. Ich spielte täglich, meist gegen stärkere Gegner, lernte von ihnen, beteiligte mich an Schulmeisterschaften und wurde ein ganz guter Spieler. Weihnachten, wieder zu Hause, forderte ich meinen Vater zu einer Partie Schach auf. Arglos ließ er sich darauf ein, und ich schlug ihn. Er war irritiert, hielt das für einen Zufall und die Folge dessen, daß er lange nicht gespielt hatte. Ich schlug ihn ein zweites Mal. Das war unsere letzte Partie, die wir je zu Ende spielten, die dritte warf er um, als er sah, daß er wieder verlor, und fortan tat er kund, daß er wahrlich Wichtigeres zu tun habe als Schach zu spielen. Es tat mir später leid, daß ich ihn nicht hatte gewinnen lassen. Es hätte doch gereicht, daß er wußte, daß ich wußte, daß er einen Hammer nicht richtig in die Hand nehmen konnte, um einen Nagel in ein Brett zu schlagen.

Schwalbenschwanzverzinkung

Die Holzmannsche Werkstatt war mir der liebste Platz in meiner Kindheit und Jugend. Manchmal ging ich nur für kurze Zeit hinüber, setzte mich hin, roch und schaute. Ich prägte mir alle Werkzeuge und ihre Bedeutung ein. Vor den Maschinen hatte ich anfangs Angst. Hobelmaschine, Abrichte, Kreissäge, Tischfräse, Bandschleifmaschine, Bandsäge und so weiter. Weil man mich als Neugierigen einstufte, wurde diese Angst auch lange geschürt. Zwei fehlende Finger an der linken Hand von Fritz-Junior sprachen zudem eine klare Warnung aus. Zwischen Tisch und Anschlag der Fräse war Sägemehl geraten, so daß der Anschlag nicht richtig festgeschraubt war. Als Fritz das Holz an der Fräse vorbeischob, gab der Anschlag nach, und die Fräse riß ihm die beiden Finger ab. »Schlamperei«, sagte Fritz-Senior, der eigentlich selten etwas sagte, »man macht den Tisch halt erst völlig sauber.«
   Der Sohn wußte, daß der Vater recht hatte.

Da saß ich und war verliebt. Verliebt in das Werkzeug, die lange schwere Hobelbank, die da stand, als sei sie irgendwann gewachsen, wie ein großer Baumstamm, um den herum man diese Werkstatt erst gebaut hat. Ich war verliebt in das Holz aller Sorten, in das weiße, fast fahle Lindenholz und das rötliche Rüster, das Holz der Ulme. Ich war verliebt in den Holzleim, das Sägemehl, die Schleifpapiere, in die scharfen, unheimlichen großen

Kreissägeblätter, in die großen Hobel, die ich kaum hochheben, geschweige denn benutzen konnte, und ich war verliebt in die Menschen, die mit all dem selbstverständlich, ruhig und gelassen, präzise und liebevoll umgingen.

Als ich sie länger beobachtet hatte, fiel mir zwischen Fritz-Senior und Fritz-Junior ein Unterschied in ihrer Art zu arbeiten auf. Der Senior hatte dem Junior bereits die Geschäfte übergeben, lebte sozusagen schon im Austrag, arbeitete aber noch mit. Er war damals vielleicht 65 Jahre alt. Der Junior stand natürlich unter dem Druck von Terminen. Aber er hatte grundsätzlich eine ruppigere Art, mit dem Holz umzugehen. Er zwang es, er unterwarf es, und er fluchte, wenn es nicht wollte wie er. Zudem hatte er nicht das, was man Augenmaß nennt. Er war der Mathematiker. Er mußte alles anzeichnen, die Längen, die Winkel, die Stellen, an die eventuell Schrauben zu setzen waren. Der Senior tat das alles mit Augenmaß. Er spannte ein Brett in den Schraubstock, legte den Meterstab drauf, setzte seinen linken Daumennagel an die Stelle, setzte mit der Spannsäge an und schnitt gerade und genau im rechten Winkel das Brett ab. Ich staunte, und ich sollte noch mehr staunen. Fritz-Senior baute ein Küchenbüfett. Er war bei den Schubladen angelangt. Eine Schublade, meint man, sei eine einfache Sache. Vorderteil, Hinterteil, zwei Seitenteile, ein Boden. Eine heutige Küchenschublade ist aus Kunststoff, und wir klopfen die vorgefertigten Einzelteile mit dem Handballen innerhalb einer Minute zusammen. Jene Schubladen waren natürlich aus Holz. Einfach, sagt der Laie, zusammennageln. Von wegen. Im Küchenbüfett des Fritz-Senior gab es keinen Nagel. Keinen einzigen. Kenner

wissen das Wort: Verzinken. Man muß sich das in etwa so vorstellen: Wenn man beide flachen Hände an den Fingerspitzen im rechten 90-Gradwinkel aneinander hält und nun die Fingerkuppen ineinander setzt und zusammendrückt, dann kann man sehen, daß sich auf diese Art auch zwei Bretter verbinden lassen. Bei der einfachen Form des Verzinkens sägt man aus dem Kopfende des jeweiligen Bretts in der Tiefe der Stärke des Holzes rechteckige Stücke aus. Man kann dann die Teile ineinander setzen, wie die Fingerspitzen. Darum heißt diese Verarbeitung Fingerverzinkung. Wenn es sehr genau gearbeitet ist und stramm sitzt und man es verleimt, hält es. Ohne Leim ist da nichts zu machen. Die kompliziertere Form ist die Schwalbenschwanzverzinkung. Hier sägt man nicht im rechten Winkel zum Brett, sondern in einem Winkel von etwa 75 Grad wiederum in einer Tiefe der Stärke des Gegenbretts. Während man bei der Fingerverzinkung logischerweise sowohl die Seitenbretter auf das Vorder- oder Hinterbrett setzen kann als auch umgekehrt, lassen sich bei der richtig durchgeführten Schwalbenschwanzverzinkung nur die Seitenteile auf das Vorder- bzw. Hinterbrett setzen. Man könnte dann das hintere Brett, also die Rückseite der Schublade nicht einfach nach hinten abziehen. Das kann man nur mit den Seitenteilen. Wenn jetzt die Schublade im Büfett in ihrer Führung sitzt, dann braucht man sie nicht einmal zu verleimen, denn beim Herausziehen der Schublade sitzen die Teile fest ineinander. Das macht man heute mit einer Fräse. Fritz-Junior hatte dafür eine Schablone. Sie garantierte Paßgenauigkeit der ineinanderzusetzenden Kopfstücke der Bretter. Fritz-Senior – das glauben mir

39

manche Schreiner heute gar nicht mehr, oder sie bekommen verklärte Augen – machte das sozusagen mit Augen- und Daumenmaß. Er spannte das Brett mit der Stirnseite nach oben ein, setzte den Daumen im beabsichtigten Winkel darauf und sägte bis zur Tiefe der Stärke des Brettes. Dann drehte er den Daumen zur anderen Seite und sägte dort ein. So bearbeitete er alle Teile und – welch Wunder – sie paßten ineinander! Kein Metermaß, kein Bleistiftstrich, kein Winkelmesser, nichts. Nur die Augen und der Daumen – und natürlich fünfzig Jahre Erfahrung und Übung.

Während dieser Arbeit sprach und fluchte und pfiff er nicht. Er war hochkonzentriert und vergaß alles um sich herum. Am Ende – wenn eine Schublade fertig war, trat er einen Schritt zurück, schaute sich das Stück an und sagte: »Is scho boaresch« (ist schon bayerisch), was in Bayern soviel heißt wie: sitzt, paßt, hat Luft, ist bündig, ist in Ordnung, ist perfekt. Dann ging er in die Wirtschaft hinüber, trank dort ein Bier, um kurz darauf zurückzukehren und weiterzuarbeiten. Er liebte Bier und arbeitete nach zehn Bieren (fünf Liter), auf die er mühelos täglich kam, genauso präzise wie nüchtern. Ich liebte ihn. Und als ich später einmal las, daß Albrecht Dürer mit freier Hand einen Kreis an eine Wand gemalt und dann den Mittelpunkt angekreuzt hatte, der, als man ihn vermaß, haargenau richtig war, da imponierte mir das nicht mehr. Die Kunst des alten Schreiners schien mir zumindest gleichwertig.

Der alte Schreiner erklärte mir nie etwas. Er ging davon aus, daß ich zuschaute und dabei lernte. So war ich immer hinter ihm her, und ich mochte es besonders, wenn

er in das Holzlager ging und Holz für eine neue Arbeit aussuchte. Da konnte ich zur Hand gehen, helfen, ganze Holzstöße umzuschichten, denn es konnte sein, daß ihm gerade ein rohes Brett geeignet schien, das ganz unten in einem Stapel lag. Immer habe ich versucht, dahinterzukommen, warum er nun ausgerechnet das eine Brett nahm und was die Kriterien seiner Beurteilung und Auswahl waren. Unter den ganzen Holzstößen, deren Bretter immer mit Latten unterlegt waren, damit das Holz Luft bekam, fiel mir in einer Ecke ein kleiner Stapel auf, der nie angerührt wurde. Einmal fragte ich Fritz-Senior, was das sei. Es war, glaube ich, die längste Erklärung, die er mir je abgab. Das sei 50 Jahre alt, und der Baum, eine Buche, sei von seinem Vater, dem alten Schreiner, gefällt worden, als er 14 war und die Lehre begann.

Und was wird damit?

»Des braachdma na schono.« (Das wird man irgendwann schon noch brauchen.) Mehr erfuhr ich nicht. Noch nicht.

Von Liebe sprach ich schon – von Zärtlichkeit noch nicht. Ich entwickelte damals in der Holzmannschen Werkstatt ein zärtliches Verhältnis zu Holz, wie ich es danach zu keinem anderen Werkstoff mehr bekommen konnte. Wer sagt, gehobeltes und geschliffenes Holz sei glatt, der irrt. Glatt ist eine Fensterscheibe, ein Spiegel, Porzellan, Verchromtes. Nicht mal Eisen, wenn es noch so gefeilt und geschliffen und poliert ist, ist glatt. Nein, es hat wie das Holz immer eine Oberflächenstruktur – wie menschliche Haut. Und die verändert sich beim Holz ständig, wenn es nicht zulackiert ist, denn Holz,

auch wenn es noch so lange gelagert wurde, arbeitet. Es verändert sich unter Witterungseinflüssen, unter bestimmten Belastungen. Vom Holz eines Baums, der frisch in Bretter geschnitten und dann gelagert wurde, sagte Fritz-Senior, es müsse noch herwachsen. Er bezeichnete den Trockenvorgang als einen Teil des Wachsens.

Von Zärtlichkeit wollte ich sprechen.

Wenn ich ganz allein war in der Werkstatt, dann suchte ich mir ein schönes Stück Holz, spannte es ein, übte hobeln und schleifen und war fasziniert davon, nach jedem Arbeitsgang immer wieder über das Holz zu streichen, es zu streicheln, seine Oberfläche in den verschiedenen Zuständen zu spüren, mit oder gegen die Maserung, was auch ein großer Unterschied war. Hatte ich das Holz ganz fein geschliffen, war es samtweich und warm und roch gut. Machte ich es dann naß, öffnete es die Poren, fühlte sich an wie Gänsehaut beim Menschen, und es war kalt und roch ganz anders.

Dies waren erste sinnliche Erfahrungen zu einer Zeit, da ich mich noch täglich selig in den Schlaf begab, mit dem Gesicht ins Kopfkissen gedrückt, das die Mutter gerade zuvor mit ihren Händen aufgeschüttelt und zurechtgeklopft hatte, und das nach ihr roch.

Ich wollte sein wie die Meister des Holzes. Ich schaute mir genau ihre Bewegungen und Haltungen bei bestimmten Tätigkeiten an und imitierte sie. Wie man parallel zur Hobelbank steht, ein Bein nach vorne, das andere nach hinten, um das Gewicht und die Kraft beim Hobeln eines längeren Werkstückes jederzeit von vorne nach hinten verlagern zu können. Ich lernte, wie man flott und lässig

den Meterstab öffnet, wie man nur einen Teil davon öffnet, wie man auf einem Brett einen Abstand vom Rand anzeichnet und dann mit dem Zeigefinger unter dem Meterstab als Führung an der Kante entlang und mit dem Bleistift am Ende des Meterstabs einen exakt parallel zur Kante laufenden Strich macht, ohne ein Lineal oder dergleichen zu brauchen. Meine Mutter mußte mir an meine Hose eine längliche Außentasche für den Meterstab annähen, und zwar hoch genug, so daß ich mit leicht angewinkeltem Arm den Meterstab zücken konnte. Zücken! Und wie wir die Colts zückten, wenn die Bleichgesichter des Oberdorfs gegen die Apachen des Unterdorfs kämpften, so zückte ich bei Gelegenheit meinen Meterstab, und wie ich mir eine Gockelfeder in die Haare steckte, wenn ich bei den Indianern war, so steckte ein Bleistift – mit dem Stemmeisen gut und gekonnt gespitzt – hinter meinem rechten Ohr, wenn ich Schreiner war.

Besonderen Spaß machte es mir, Maße zu erraten. Ich nahm irgendein Stück Holz in die Hand, schaute es an und entschied, wie breit, wie lang, wie stark es sein müßte. Dann maß ich nach und freute mich darüber, daß ich Fortschritte machte, daß ich ein Auge für Maße bekam. Noch heute spiele ich mit meinem Freund Jupp, dem Schreiner, dieses Spiel. Nach dem soundsovielten Bier, wenn wir darangehen, zu überlegen, wer die Rechnung zu zahlen hat, zeichnet jeder von uns auf einem Stück Papier einen Strich, von dem er behauptet, daß er zehn Zentimeter lang ist. Dann messen wir nach. Wer verloren hat, zahlt. Neidlos anerkenne ich, daß Jupps Rekord bei 9,8 liegt, meiner bei 10,4. Unser Handicap.

Jupp, das sei bei der Gelegenheit einmal gesagt, fehlen,

43

wenn er mal verliert und wir das Spiel zu mehreren gespielt haben, zum Bestellen von fünf Bier zwei Finger, wie Fritz-Junior. Er hatte den gleichen Unfall. Unter dem Anschlag der Fräse war Sägemehl.

In den Jahren des Übergangs von der Kindheit zur Jugend fand ich mein Gleichgewicht zwischen der Leidenschaft zu bauen, zu basteln, zu handwerken und der Schule. Ich hatte, was ich indirekt meiner Mutter verdankte, eine neue Perspektive. Ich sollte und wollte Architekt werden. Damit war ich sozusagen familienkonform, denn mein Großvater mütterlicherseits war Architekt, oder Baumeister, wie er selbst immer sagte. Und meiner Mutter Wunsch, daß ich Rechtsanwalt werden sollte, war vom Tisch. Und das kam so:

Karl, der Anwalt, war nach seinem Ausflug zu einer jüngeren Frau reumütig zu Barbara zurückgekehrt. Warum, das wurde schnell klar. Betrügereien, Schwarzhandel, abenteuerliche Geschäfte, die wir nie wirklich durchschauten, waren sein eigentliches Metier und die Grundlage seines Wohlstands gewesen.

Das Gebäude brach in sich zusammen, Karl wurde der Prozeß gemacht, er war völlig verschuldet, landete im Gefängnis. Barbara ließ sich scheiden und fand schnell Trost bei Herbert, einem Architekten, der ihr nahtlos wieder den gewohnten Lebensstil garantierte. Das gefiel meiner Mutter, die ihrer Schwester gegenüber immer voller Neid und Bewunderung war.

Ich sollte nun werden wie Herbert.

Unter uns gesagt, er war ein lausiger Architekt. Er war nicht mehr als ein technischer Zeichner, aber er hatte

den richtigen Geschäftssinn. Er baute diese End-Fünf-ziger-, Anfang-Sechziger-Jahre-Häuser an der Peripherie Münchens, Häuser, die so gemein, so häßlich, so bewoh-nerfeindlich und dumm waren, daß man sie in den acht-ziger Jahren bereits wieder abriß, Häuser also, die gerade einmal so lange hielten, wie ein Mensch zum Erwachsenwerden braucht. Wenn ein Architekt Häuser baut, die noch zu seinen Lebzeiten abgerissen werden, ist das, denke ich mir, wie wenn ein Künstler erleben muß, daß man seine Bilder zerstört oder ein Schrift-steller, daß man seine Bücher verbrennt. Herberts Häuser hatten Fenster wie Schießscharten, winzige Küchen und Bäder, und es waren hellhörige Wohnungen, schlechte Materialien waren verarbeitet, an allem war gespart wor-den. Sie hätten nie gebaut werden dürfen, sie waren nicht mehr als den Abriß wert.

In den Zeiten, da ich mich einer gewissen Radikalität in meiner Sprache befleißigte, pflegte ich zu sagen, man müsse Architekten wie Herbert in ihren Häusern lebend einmauern.

Da Herbert bei seinen Projekten auch stets der Bauherr war, verdiente er viel Geld, was Mutters Respekt hervor-rief.

»Der hat sein Auskommen«, sagte sie. Und das sollte ich nun einmal auch haben. »Das ist doch«, sagte sie, »bei deinen Interessen die Zukunft.«

Ich wollte das auch so sehen.

Die Musiktruhe

Der professionelle Handwerker arbeitet äußerst ungern und selten in anderen Berufen. Jupp, der Schreiner, rührt Elektro- und Sanitärarbeiten nicht an. Der Schuster bleibt bei seinen Leisten (die er immerhin aus Holz fertigt). Der Handwerker, der zu Recht Respekt für sein Können reklamiert, hat diesen Respekt auch dem anderen Handwerk gegenüber. Allenfalls beim Bau seines eigenen Hauses macht er eine Ausnahme, aber in der Regel sucht er sich auch da gern einen Kollegen der anderen Zunft.

Wir, diese passionierten halb- bis unprofessionellen Ehrgeizlinge mit dem selbstgebastelten Ethos, das es uns auch unmöglich macht, von Vergewaltigung des Werkstoffs zu reden, wir sind schamlos, neugierig und dreist. Wir mischen uns überall ein, wir wollen alles wissen, wir wollen sein wie sie, wir beuten ihr Wissen aus, wir sagen ihnen einerseits, daß wir sie bewundern, andererseits sagen wir irgendwann, das können wir auch, das machen wir selbst. Wir preisen unsere Vielseitigkeit, aber wir überheben uns über die Heimwerker. Und wir glauben, über den besseren Geschmack zu verfügen. Und wir fühlen uns oft bestätigt.

Warum sind die Angebote der Möbelhäuser so schrecklich, warum gibt es fast nur scheußliche, ja törichte Lampen, und wie sieht es aus, wenn Sie es dem Installateur überlassen, wie das Bad gestaltet werden soll? Letztes Jahr war ich in Köln auf der Handwerksmesse.

Dort stellten die nordrhein-westfälischen Meisterschüler ihre Meisterprüfungsarbeiten im Möbelschreinereihandwerk vor. Beste Hölzer, ausgesuchte Maserungen, präzise, teilweise raffinierte Verarbeitung. Aber die Entwürfe, die Formen, die Möbel, die da standen! Geschmacklos, uninspiriert, phantasielos, nachgeahmte postmoderne Vitrinenungetüme, nichts Neues, nichts Eigenes. Selbst IKEA ist da weiter. Der Geschmack, so scheint es, wird bei der Handwerksausbildung nicht mitgebildet. Vielleicht ist das auch ein Problem der Fachidiotie und der Alltagsabstumpfung.

Ich war neugierig geworden. Wenn ich auf Baustellen bei Holzmanns half, Fenster und Türen einzusetzen, schaute ich immer wieder den Elektrikern und Sanitärinstallateuren, den Malern und Maurern zu. Davon wollte ich auch etwas lernen. Ich dachte ja schon zukunftsorientiert, wollte und sollte ja Architekt werden – »da kann es nichts schaden ...«, wie meine Mutter sagte.

Nun hatte sogar mein Vater, wie er das nannte »einschlägig was mit dem Handwerk zu tun«. Das war weit hergeholt, denn er verkaufte nicht mehr Hühnerfutter, sondern Bausparverträge. Daß uns das mehr Wohlstand gebracht hat, konnte man nicht behaupten. Das wirklich Positive an der Entwicklung war: Es stank nicht mehr nach Fisch bei uns zu Hause. Wie in fast allen Hühnerställen, die mein Vater belieferte, so waren auch bei uns die Hühner eines Tages an irgendeiner Krankheit eingegangen. Die Firma bekam einen Prozeß, weil wohl irgend etwas in ihrem Futter war, das das Massensterben verursacht hatte. Und Vater suchte sich einen

47

neuen Job. Nun war er also der Meinung, daß jeder Mensch einen Bausparvertrag brauchte. Wir aßen wieder die guten Eier des Nachbarn. Und wir hatten einen Bausparvertrag. »Wofür, wir haben doch schon ein Haus?« fragte Mutter. »Na, wenn der Junge mal bauen will.«

Ja, der Junge wollte mal bauen. Zu jener Zeit waren es noch Kaninchen- und Hühnerställe und Baumhütten. Aber natürlich baute ich damals schon in meinen Träumen mein Haus, und das war natürlich ganz anders als alle Häuser, die ich kannte. Und mein Haus veränderte sich mit den jeweiligen Lebenserfahrungen. Mal glich es Bauernhäusern der Hallertau oder Landhäusern des Chiemgaus, dann wieder weißen griechischen Lehmhäusern, dann römischen Palazzi, ein andermal finnischen Holzhäusern mit Dächern bis zum Erdboden. Was ich gerade auf Bildern in Büchern und den Zeitschriften, die Mutter von Tante Barbara mitbrachte, zu sehen bekam, beeinflußte die Vorstellung von meinem Haus. Natürlich würde ich mein Haus von oben bis unten selbst bauen, jeden Stein selbst auf den anderen mauern, die Fenster, die Türen, die Böden, den Dachstuhl würde ich selbst bauen, und alles andere auch. Manchmal dachte ich, wenn ich jetzt begänne, täglich vom Straßenrand, vom Steinbruch, an dem ich immer mit dem Rad vorbeifuhr, einen Stein mit nach Hause zu nehmen, dann hätte ich, wenn ich dann das Alter für eine Familie hätte, die Steine für mein Haus beisammen. Das Dutzend Steine, das jahrelang in einer Ecke des Gartens lag und meinen Eltern Rätsel aufgab, verriet meinen Plan nicht, war mir aber auch bald Symbol für das schnelle Scheitern hochtrabender, auf lange Sicht angelegter Pläne.

Ich habe nie ein Haus gebaut, und ich werde auch keins mehr bauen. Daß der Wunsch danach heimlich immer noch vorhanden ist, da das mehrmalige Restaurieren und Renovieren von Häusern dagegen doch immer nur eine halbe Sache war, verhehle ich nicht.

Die Ausflüge in die nicht holzverarbeitenden Handwerke brachten mich immer wieder zurück zur Schreinerei. Ich schnitt Gewinde auf Wasserrohre, wickelte Hanf auf, schraubte Muffen und Wasserhähne, Winkel und andere Installationen auf, hatte ölige, rauhe, gerissene Hände, ich schlug Mauerschlitze für Stegleitungen, installierte Steckdosen und Schalter und war stolz darauf zu wissen, wie zum Beispiel eine Wechselschaltung funktioniert. Ich schleppte Zement und Steine, rührte Gips oder Mörtel an, half beim Bau von Dachstühlen oder beim Eindecken von Ziegeldächern. Ich lernte allerlei Brauchbares, was mir noch heute ermöglicht, bei vielen Gelegenheiten auf einen Handwerker zu verzichten.

Aber immer wieder war ich bei Holzmanns in der Schreinerei, und die Vorstellungen von zu Bauendem hingen doch mehr oder weniger mit Holz zusammen.

Ich wollte nun endlich etwas Bleibendes bauen, aber es sollte natürlich nicht das sein, was man bei Holzmanns ohnehin täglich baute: Gebrauchsmöbel wie Küchenbänke, Büfetts, Tische, Schränke oder Türen und Fenster.

Was fehlt uns denn zu Hause? fragte ich mich, und ich wurde fündig. Wir hatten nicht, was alle Onkel und Tanten hatten, eine Musiktruhe. Wir hatten ein altes Radio, das mit dem magischen Auge, aus dem wir 1954

49

die denkwürdige Übertragung des WM-Endspiels aus Bern gehört hatten, und wir hatten von Tante Barbara deren alten Plattenspieler bekommen, der in einem grüngrauen Koffer eingebaut war. Das wollte ich kombinieren. Mutter, die so gern klassische Musik hörte, sollte eine Musiktruhe bekommen. Und natürlich sollte ihre Truhe diese glänzenden braunen Ungetüme, von denen eines zum Beispiel bei Tante Barbara stand, übertreffen. Moderner sollte sie sein. Und modern war einfach gesagt: schräg, nicht gerade. So sollte sie sein.

Ich baute einen rechteckigen Kasten, dessen Vorderseite eine Klapptür war. Diese verlief von unten nach oben schräg nach hinten. Die Tür, unten in der Waagrechten mit einem Klavierband (Scharnier) versehen, wurde so festgehalten, daß sie in offenem Zustand zugleich eine Ablage für Platte und Plattenhülle darstellte. War sie geschlossen, lag sie also schräg nach hinten. Der schrägen Linie folgten außen an den Seitenteilen sichtbar aufgebrachte Beine, die ein A bildeten. Während die Hinterbeine senkrecht, parallel zur Rückwand verliefen, machten die Vorderbeine sozusagen einen Ausfallschritt in den Raum. Diese schnittig-moderne Variante, die ich den Nierentischchen und anderen Möbeln der späten fünfziger Jahre abgeschaut hatte, war zwar der Pfiff dieser Musiktruhe, aber sie war auch Manko, Fallstrick und Fluch. Natürlich fand die Truhe, in die ich den Plattenspieler und das Radio eingebaut hatte, ihren Platz in unserem Wohnzimmer, irgendwo zwischen Bücherregal und Anrichte. Da stand sie, ich war stolz, und selbst mein Vater sagte anerkennend, so eine Truhe habe er noch nirgends gesehen, und er komme doch

wahrlich in viele Häuser. Als sich unser Wohnzimmer, das naturgemäß klein war, allerdings mit Verwandtenbesuch füllte, stolperte immer wieder jemand über die in den Raum ragenden Beine. Ich mußte umbauen, gerade Füße anschrauben, das ging, doch der Charme und meine gestalterische Kühnheit waren dahin. Die Truhe interessierte mich nicht mehr. Sie wurde nach wenigen Jahren ohnehin von jenem Designklassiker von Braun abgelöst, einer Plattenspieler-Radio-Kombination von bestechend klarer Form, ein weißgrauer Kasten mit Klarsichtdeckel.

Wer sich auf das Handwerken und Basteln einläßt, ist Rückschläge gewohnt. Falsche Planung, Verwendung des falschen Holzes, schlechter Leim und andere Unwägbarkeiten machen oft viele Stunden Arbeit zunichte. Wer wie ich damals Modellsegelflugzeuge (»Spinne« von UHU) oder dampfgetriebene Schiffchen baute, war Kummer gewohnt. Vom höchsten Hügel gestartet, dann mit dem Fahrrad verfolgt, suchten sich die Flugzeuge zu oft ihren Weg in Teiche, Überlandleitungen, hohe Baumkronen, oder eine Windböe verleitete sie zum erbarmungslosen Sturzflug. Und die mit Karbidpatronen betriebenen Dampfer brannten mitten auf dem Teich aus und sanken. Ein abenteuerliches, aber endgültiges Schauspiel. Von dieser Zerstörung ihrer in mühsamster Kleinarbeit entstandenen Gebilde können selbst die Erbauer heutiger ferngesteuerter High-Tech-Modelle ein Lied singen.

Auf zu neuen Taten, kühneren, abenteuerlichen Dingen, sagte ich mir. Ich wollte etwas bauen, das niemand hatte, das sich niemand bei uns leisten konnte. – Noch wußte ich nicht, was das sein würde.

Schreiner oder Arzt?

Bei Holzmanns ereignete sich eine kleine Tragödie. Der älteste von fünf Söhnen des Fritz-Junior, der Josef hieß, weil sich seine Mutter geweigert hatte, ihn traditionsgemäß Fritz zu nennen, war mit der Volksschule fertig und begann, wie es in der Familie seit Generationen üblich war, eine Lehre in der hauseigenen Schreinerei. Er war ein paar Jahre jünger als ich, ein schmales zartes Bürschchen, klug und gut in der Schule, etwas verträumt, und für die Arbeit vor allem auf dem Bau, so schien es meiner Mutter, viel zu schade. Sie und der Lehrer des Jungen bemühten sich vergeblich, die Eltern zu überreden, ihn aufs Gymnasium zu schicken, doch da war nichts zu machen.

Schweigsam wie sein Großvater, still leidend, fügte er sich. Blaß und ohne jegliche Lust stand er in der Werkstatt und bemühte sich redlich, in einem stummen Krieg gegen Werkzeuge und alles, was damit zu tun und zu lernen war. Selbst ich sah, daß er ungeschickt und völlig ungeeignet für diesen Beruf war. Es dauerte nicht lange, da bekam er Asthma-Anfälle – vom Staub, vom Sägemehl, wie es hieß. Heute weiß ich es besser. Da sein Verstand nicht rebellierte, tat es sein Körper. Er mußte zur Kur, und es war auch Holzmanns klar, daß er nicht mehr in die Werkstatt würde zurückkommen können. Man gab seinem Wunsch nach, weiter zur Schule zu gehen, gab viel Geld für ein Internat aus. Er lohnte es seinen Eltern. Bravourös machte er das Abitur, studierte

Medizin und wurde ein guter Arzt. Heute ist er Chefarzt einer Klinik in Bayern. Vor ein paar Jahren traf ich ihn wieder und besuchte ihn in seinem Haus. Ich war verwundert über eine kleine, gut bestückte Werkstatt im Keller. Josef zeigte mir einen Sekretär, den er für seine Frau gebaut hatte. Ich staunte. »Ja«, sagte er, »als ich es nicht mehr mußte, konnte ich es plötzlich und fand Spaß daran. Und es hat halt auch was mit der Chirurgie zu tun.«

Für Holzmanns löste sich damals das Problem auf wunderbare Weise. Josefs jüngerer Bruder wurde Schreiner und übernahm eines Tages den Betrieb. Er ist heute Chef des regionalen Holzimperiums Holzmann. Er heißt übrigens Fritz. Er hat zwei Söhne und eine Tochter. Der eine Sohn ist Jurist, der andere Beamter. Die Tochter ist Schreinerin.

»Schreibst du denn auch über handwerkende Frauen?« fragte mich eine Freundin neulich. »Ich schreibe über Handwerkende«, sagte ich. Hier nur so viel zu diesem Thema: mein Vater hätte das Einschlagen eines Nagels nie gelernt, er war einfach dafür nicht begabt. Wäre meine Mutter aber statt mit Klavier, Hausarbeit, Kochen und Nähen mit Hammer, Nagel, Hobel, Zange und Säge aufgewachsen, sie hätte damit umgehen können. Nur: das hätte mein Vater wohl nicht ertragen.

Das Boot

Ich beschloß, mir ein Boot zu bauen. Ein Paddelboot sollte es sein, mit dem ich auf dem nahen Baggersee herumpaddeln konnte. Ich plante es, schaute mir in der Stadt auf einer Ausstellung solche Boote an, und eines Tages verkündete ich zu Hause meine Absicht. Die Eltern schlugen die Hände über dem Kopf zusammen. Ob das nicht übertrieben sei, und wie ich das Boot denn zum See schleppen wollte, und schließlich hätte niemand ein Boot, warum ich denn dann eines haben müßte. Daß niemand dort eins hatte, war für mich das schlagendste und wichtigste Argument. Vater fragte, wie das denn gehen solle, wie ich mir das vorstellte und daß ich das doch gar nicht wasserdicht bekommen würde. Er beschwor technische Schwierigkeiten herauf, brachte Zweifel an meiner Konstruktion vor und wußte seltsamerweise nicht, was mir zu der Zeit schon ganz klar war: Daß jedes seiner Argumente gegen etwas, das ich mir in den Kopf gesetzt hatte zu bauen, für mich nur endgültige Bestätigung der Richtigkeit meines Planes war. Es ging auf die Sommerferien zu, es war sicher, daß ich versetzt werden würde, und es lag letztlich an meiner Mutter, nachzugeben, denn mein Vater sagte resignierend, »geh mir aus den Augen damit, und wenn ich zu Hause bin, will ich meine Ruhe haben«. Das war das geringste Problem, denn er war eh kaum zu Hause. Und Mutter erlaubte es nicht nur, sie stand auch tapfer zu mir. Irgendwie gefiel es ihr, daß ich etwas machte, das über

die Schlüsselbrettchen und Streichholzschiffe hinausging, die von erwachsenen Menschen in dieser Familie geschaffen und allen zur Plage wurden. Ohne meine Mutter hätte ich das ohnehin nie geschafft, denn da alles teurer wurde als ich angenommen hatte, mußte sie mir auch finanziell unter die Arme greifen, was sicher an die Grenzen des Machbaren ging.

Wo sollte ich nun aber das Boot bauen? Etwa sechs Meter sollte es lang werden. Kein Kellerraum, kein Geräteschuppen und auch nicht der verwaiste Hühnerstall hatte solche Ausmaße. Es kam nur der Speicher in Frage, jenes nicht ausgebaute Dreieck über dem Elternschlafzimmer und meinem Zimmer. Hier hatte ich die volle Länge unseres Hauses zu Verfügung.

Mit Feuereifer ging ich an die Arbeit. Ich konnte die Ferien kaum erwarten, um dann endlich den ganzen Tag an meinem Boot zu arbeiten, und ich glaube heute, daß ich in meinem ganzen Leben nichts mehr mit einem solchen Eifer, mit einer solchen Besessenheit getan habe.

Ich schleppte Unmengen von Leisten, Latten, Sperrholzbrettern, Schrauben, Nägeln, Leim und vor allem Werkzeug auf den Speicher. Ich sägte, feilte, schliff, verleimte, verzweifelte und fand doch immer wieder Lösungen, konstruierte, dachte um, verwarf, baute neu, fuhr in die Stadt, um mit einem Mann in einem Malergeschäft die Bespannung zu besprechen. Wir einigten uns auf eine Leinenbespannung, die mehrfach gummiert und dann mit Bootslack gestrichen werden sollte, das Aufwendigste aber auch Aufregendste, weil für mich Neue an der ganzen Arbeit. Ich war unendlich fleißig, vergaß meine Umwelt, lief nicht mehr mit den anderen Jungen auf den

Fußballplatz, war in der Schreinerei drüben nur, wenn ich etwas suchte, mit einem Problem nicht klarkam, Rat brauchte. Ich schlief in den Nächten kaum noch vor Aufregung und Eifer. Wach liegend entstanden die kompletten, perfekten Bilder des Bootes, denen am Tag nachgearbeitet werden mußte, und in wilden Träumen geschahen die Pannen, peinigten mich die Ängste, zu scheitern. Meine Mutter machte sich zunehmend Sorgen um meine Gesundheit. Sie verordnete Spaziergänge und Gartenarbeit, schickte mich zum Schwimmen an den See oder zu irgendwelchen Besorgungen, die sie sich regelrecht ausdachte. Für mich schien jede Minute, die ich mich nicht meinem Boot widmete, verlorene Lebenszeit zu sein. Nicht einmal zum Essen ließ ich mir richtig Zeit.

Mein Vater fragte, wenn er von seinen Bausparvertragsverkaufsreisen mal zu Hause vorbeikam, kurz, wie weit es denn sei mit der Arche Noah da oben, er ging aber nie hinauf um zu gucken, angeblich, um sich die Spannung zu erhalten, in Wirklichkeit vermutlich, weil es ihn nicht interessierte. Er nahm in diesem Jahre ohnehin kaum an unserem Familienleben teil.

Einmal, als ich gerade vom Speicher herunterkam, hörte ich einen heftigen Streit meiner Eltern. Meine Mutter verteidigte vehement meine Arbeit. Vater aber schimpfte, sagte, es reiche doch, daß man zwei solche Idioten wie Walter und Fritz in der Familie habe, nun werde der Junge auch noch verrückt, und sie unterstütze das auch noch. Und wieviel Geld da ausgegeben werde, von ihm sauer verdientes Geld. »Was weiß man«, sagte meine Mutter entschieden und sicher wie selten ihm

gegenüber, »was weiß man, wofür du Geld ausgibst, wovon wir nichts wissen.« Die Haustür knallte und er war weg.

Als ich runterkam, saß Mutter weinend in der Küche. Ich tröstete sie, indem ich sie mit auf den Speicher nahm, wo bereits das rohe, noch nicht bespannte Gerippe des Bootes stand. Sie bewunderte es, und das tat mir unendlich gut und wurde später nur noch von der Anerkennung des alten Fritz-Senior übertroffen, der lakonisch sagte: »A Hund bisd scho« (Ein Hundskerl bist du schon). Mein Vater beschäftigte sich nicht mehr weiter mit meinem Boot. Nur einmal fragte er noch, wann ich denn endlich damit fertig sei.

»Bald.«

»Baust du es aus Streichhölzern, weil das so lange dauert?« Dazu lachte er.

Daß meiner Mutter an diesem Tag, als sie mit mir auf den Speicher kam, nicht ein ganz bestimmtes Licht aufging, das verstand sie später auch nicht. Es hing wohl mit dem Streit mit Vater zusammen und der damals schon leisen Ahnung, die sie von seinem zweiten Leben gehabt haben muß. Mutter war die einzige, die mir, und das an jenem Tag, viel Arbeit hätte ersparen können.

Die Bespannung war eine diffizile Angelegenheit. Falten mußten vernäht, Hunderte von kleinen Nägeln eingeschlagen werden, immer wieder mußte ich nachspannen oder ganze Leinenbahnen auf Mutters Nähmaschine nähen. Auch das hatte ich gelernt, weil ich es brauchte. Dann kam das Gummieren. Vier oder fünf Anstriche mit einer fast zähen Masse, so daß sich das Leinen am Ende wie ein Kleppermantel anfühlte. Dann noch der Farbanstrich – und dann war es fertig.

Da lag es, sechs Meter lang, achtzig Zentimeter breit, flach, in der Mitte, wo der Sitz war, leicht bauchig, eine glänzende grüne, elegante Form. Ich war furchtbar aufgeregt. In der Nacht, wenn ich nicht schlafen konnte, schlich ich hinauf und betrachtete verliebt im Schein der schwachen Lampe da oben mein Boot. Viel Anspannung, Anstrengung, die Angst, zu scheitern, alles fiel von mir ab. Zum ersten Mal merkte ich, wie warm es auf dem Speicher war – selbst in der Nacht. Ich mußte noch ein Paddel bauen und ein Transportgestell. Ich präparierte das Untergestell eines alten Kinderwagens so, daß ich das Boot draufschnallen und ans Fahrrad angehängt zum See transportieren konnte.

Dann kam der Tag des Stapellaufs. Ich fieberte ihm entgegen. In der Nacht wälzte ich mich im Bett herum, ein Gewitter ging nieder, und ich hatte einen furchtbaren Alptraum. Ich war in eine Höhle im Berg hinter unserem Haus gekrochen, und ich kam nicht mehr raus. So sehr ich auch versuchte, das Loch nach draußen aufzubuddeln, es kam immer wieder Erde von oben nach. Schweißgebadet wachte ich auf und blickte in das sorgenvolle Gesicht meiner Mutter.

»Du wirst doch nicht krank sein?«

»Nein, nein!«

Nein, um Gottes Willen nur das nicht. Draußen schien die Sonne und trocknete den Regen der Nacht und des Gewitters weg, die Wiese dampfte, und da unten stand mein Gestell. Der große Tag war gekommen, an dem ich für meine wochenlange Arbeit belohnt werden sollte. Mit Mühe konnte mich meine Mutter dazu bringen, zu frühstücken. Dann konnte es losgehen. Mutter sollte mir

helfen, das Boot herunterzutragen. Herunterzutragen? Eine fürchterliche Ahnung beschlich mich. Noch verdrängte ich sie, doch als wir auf dem Speicher standen, vor dem langen grünen Ding, das da wie ein Fisch lag, packte uns beide im selben Augenblick lähmendes Entsetzen. Wir schauten uns an. Mutter weinte stellvertretend für mich. Ich setzte mich auf den Boden, der Schweiß brach mir aus und floß in Rinnsalen meinen Rücken herunter. Ich war verzweifelt und enttäuscht. Noch einmal schaute ich mich um, nahm mit den Augen Maß, aber da war nichts zu machen: Es war eine unumstößliche Tatsache, daß wir dieses Boot nicht von diesem Speicher bringen würden. Weder durch die 30 mal 40 Zentimeter großen Fenster an den Stirnseiten, noch durch die 60 mal 120 Zentimeter große Speicherluke würden wir es transportieren können. Zwar hätte es durch letztere hindurchgepaßt, aber man konnte es nicht, was nötig gewesen wäre, um 90 Grad drehen. Es saß da oben fest. Die Arbeit war umsonst. Man konnte es nicht zerlegen. Ich hatte wochenlang an alles gedacht, nur daran nicht. War das das Ende dieses Traums vom Bootfahren auf dem nahen See? In diesem Moment war eine große Verzweiflung in mir, und ich konnte mir nicht vorstellen, daß es eine Lösung geben würde.

Meine Mutter machte sich Vorwürfe, doch ich hörte ihre Stimme nur von weit. Ich schlich wie ein geprügelter Hund in mein Zimmer, kroch ins Bett, zog die Decke über den Kopf und heulte hemmungslos. Meine Mutter tröstete mich.

Nach zwei Tagen ging ich wieder auf den Speicher. Aller Stolz war dahin. Wut kam auf. Schon hatte ich eine

Axt in der Hand. Wäre ich der Ungeduld und dem Jähzorn, die ich von meinem Vater geerbt habe, gefolgt, ich hätte alles kurz und klein geschlagen. Doch ich mußte an die tröstlichen Worte meiner Mutter denken. Ich wurde friedlich, setzte mich vor das Boot, betrachtete es lange und begann zu überlegen, wie ich es auseinander- und wieder zusammenbauen könnte. Bald war ich eifrig dabei. Und was ich nicht erwartet hatte, das Zerlegen des Bootes machte mir Spaß, war eine Herausforderung.

Die Bespannung mußte ich abreißen, sie war nicht mehr wiederverwendbar. Schließlich lag das Gerippe des Bootes vor mir. Wie das Skelett eines Dinosauriers sah es aus. Ich begann, es in Einzelteile zu zerlegen, die durch die Dachluke passten. Auf der Wiese baute ich das Boot dann wieder zusammen, bespannte es neu, und mit zwei Wochen Verspätung konnte der Stapellauf stattfinden. Stolz paddelte ich über den See.

Meine Mutter sagte mir später, sie habe bei all meinen Basteleien und Bauereien am meisten bewundert, daß ich das Boot damals nicht in tausend Stücke geschlagen habe. Sie hatte, sagte sie, eigentlich damit gerechnet.

Mich beschäftigt heute, wenn ich an die Zeit des Bootes zurückdenke, etwas ganz anderes. Ich habe sehr genaue, bis in Details gehende Erinnerungen an die Konstruktion des Bootes. Ich sehe das Gerippe vor mir, und auch das fertige Boot. Was danach damit geschah – abgesehen von der Jungfernfahrt – liegt im Nebel meiner Erinnerung. Bin ich einen ganzen Sommer lang damit gefahren? Was war im Winter? Wo hab ich es gela-

gert, oder war es nur das Spiel für einen Sommer? Wurde dann vielleicht die Gummierung brüchig? Wo ist das Boot letztendlich hingekommen? Wer hat es irgendwann einmal zu Kleinholz gemacht? Ich? Mein Vater? Seltsam, daß ich das nicht weiß, daß ich mir nicht einmal sicher bin, ob ich selbst es nicht vielleicht entsorgt habe, wie man das heute so schön nennt. Es ist also doch so, daß für mich immer die Zeit des Entstehens, des Planens und Bauens die wichtigere war. Das fertige Produkt scheint schnell seinen Reiz verloren, mich gelangweilt zu haben, nicht mehr so wichtig gewesen zu sein. So wird es allen gehen und gegangen sein, die mit Leidenschaft bauen und basteln, man kann sagen, die handwerken müssen, um glücklich und ausgeglichen zu sein. Ist es nicht bei manchen Künstlern so? Der Entstehungsprozeß ist das Aufregende. Das fertige Bild können sie ohne Zögern verkaufen. Andere allerdings wollen sich von ihren Bildern am liebsten überhaupt nicht trennen.

Handwerkende, die sich auf die Renovierung des eigenen Hauses eingelassen haben, fürchten den Tag, an dem alles fertig ist. Dann kommen die große Leere und die fatale Erkenntnis, daß das Fertige gegen den Reiz des Entstehenden nicht bestehen kann. Die wirklich Besessenen unter ihnen sorgen dafür, daß nie alles fertig ist, denn wäre es fertig, müßten sie sich ein neues Objekt suchen. Da hat es der Heimwerker mit seinem grenzenlosen Maschinenpark leichter. Wenn er mit seinem Haus fertig ist, bröckelt es bereits wieder ab. Er hat lebenslang zu tun, denn alles, was er gebaut hat, hat eine kurze Lebensdauer.

»Mann ohne Eigenschaften«

In den folgenden Jahren – ich machte Abitur, danach den Wehrdienst, studierte, dann kamen die ersten Verliebtheiten, Beziehungen, Verhältnisse, Ehen, Scheidungen – war das Handwerkliche immer vom Nutzen bestimmt. Regale, Kücheneinrichtungen, Betten, Tische brauchte man und hatte kein Geld. Also machte man sie, weil man das konnte, selbst. Und für die, die es nicht konnten oder nicht können wollten, machte man sie auch. Ich habe unter anderem immer handwerklich investiert. Es gibt keine Frau, mit der ich kürzer oder länger zu tun hatte, der ich nicht zumindest ein Bett, ein Regal, eine Lampe oder dergleichen gebaut hätte, deren Dusche ich nicht repariert, deren Waschbeckensyphon ich nicht von ihren Haaren befreit hätte. Meistens, ich gebe es zu, habe ich Betten gebaut. Die vorhandenen waren einfach immer zu kurz für mich. Also baute ich ihnen längere. Diese handwerklichen Investitionen in mein Leben mit anderen waren für mich in Ordnung, solange ich nicht das Gefühl hatte, ausgenutzt zu werden.

Aber irgendwann kam der Punkt, an den mich mein Vater schon einmal gebracht hatte: Ich reparierte und baute für Freunde von Freunden von Freunden, kurz, für Leute, die ich kaum kannte oder für Bekannte, die sich sagten, gut, daß wir ihn kennen, der kann uns helfen, wenn mal was ist. So zum Beispiel Susanne und Rolf.

Wir wohnten im selben Mietshaus. Rolf war Kulturredakteur beim Fernsehen, Susanne Lehrerin in einer

Waldorfschule. »Guck mal, Törstchen (Torsten), so sieht das Innere einer Gabel aus!« rief sie ihrem Sohn zu, mit einer abgebrochenen Gabel in der Hand. Das war ihr Verhältnis zur Realität. Rolf urteilte stets streng: »Was, du hast den ›Mann ohne Eigenschaften‹ nicht gelesen!? Du, das ist ein absolutes Muß.« Susanne hatte sich angewöhnt, Staubsauger, Bügeleisen, Lampen bei mir und von mir reparieren zu lassen. Eines Tages kauften sie neue Regale, ich glaube, bei IKEA. Es waren sehr viele Regale, denn sie hatten viele Bücher. Als sie in Kartons verpackt angeliefert wurden, verzweifelte Susanne, und Rolf ging wohlweislich auf eine ganz wichtige Dienstreise, nicht ohne Susanne nahezulegen, sich die Regale von mir zusammenbauen und aufstellen zu lassen. Die Idee fand sie auch gut. Es traf sich aber, daß bei mir das Faß gerade übergelaufen war.

»Rolf meint, du könntest ...«

»So, meint er das?«

»Ja, könntest du denn ...?«

»Nein.«

»Hast du keine Zeit?«

»Nein.«

»Wann hättest du denn Zeit?«

»Gar nicht.«

»Ach?«

»Sag Rolf, daß ich keine Zeit habe, weil ich den ›Mann ohne Eigenschaften‹ lesen muß. Er weiß, wie lange das dauert.«

Danach hatte ich Ruhe. Und es sprach sich herum, daß ich nicht mehr als Handwerker zur Verfügung stand. Allenfalls kamen noch Anrufe von der Art: »Weißt du

63

vielleicht jemanden, der uns unsere Stehlampe reparieren könnte?« »Gelbe Seiten«, antwortete ich, »unter E wie Elektriker.«

Wer Rolf und Susanne schließlich die Regale zusammenbaute, weiß ich nicht mehr.

Übrigens kann ich an dieser Stelle verraten: Ich habe den ›Mann ohne Eigenschaften‹ bis heute nicht gelesen.

Fritz-Seniors Buche

Der alte Mann ging nun schon seit einigen Jahren nicht mehr in die Werkstatt. Er schlief morgens lange, saß dann bei den Frauen in der Küche, schlürfte seinen Milchkaffee und schaute beim Kochen zu. Die Geräusche aus der Werkstatt, die sich durch modernere Maschinen verändert hatten, hörte er kaum noch. Wer mit ihm sprach, mußte schreien. Später setzte er sich auf die Bank vor dem Haus, die sein Vater vor etwa siebzig Jahren, also noch im letzten Jahrhundert gebaut hatte, und er schaute zu, wie die jungen Lehrlinge Holz in die Werkstatt schleppten und wie Lastwagen großflächige Furniere brachten für die Türenfabrikation, die der Enkel aufgebaut hatte. Mit dem Elf-Uhr-Läuten ging er in die Wirtschaft, trank ein Bier und ging wieder heim, wo es Essen gab. Nach dem Essen schlief er ein Stündchen, danach saß er bei gutem Wetter im Obstgarten hinten auf der Bank, die er sich erst vor ein paar Jahren gebaut hatte, die Protestbank, wie er sie still für sich nannte, und schaute in die Gipfel der Bäume, schaute den Amseln zu und war traurig darüber, daß er sie nicht mehr hören konnte. Manchmal sprach er zu den Bäumen. »Blüht nur, blüht, es kann das letzte Mal sein. Bald ist es Zeit, wenn ich geh', müßt ihr auch gehen.« Und sie blühten schöner denn je und trugen viel Obst, das auf dem Boden verfaulte, weil keiner mehr Zeit hatte, es aufzusammeln, daraus Most zu machen oder es für den Winter zu lagern.

Fritz-Senior hatte sich heftig gewehrt, als sie vor ein paar Jahren den Obstgarten abholzen wollten, um hier eine neue Fabrikationshalle zu bauen. Er wußte, daß sie nur noch seinen Tod abwarten würden, um ihre Pläne zu verwirklichen. Es gab, das ahnte er, kein Aufhalten.

Da saß er dann schon im zeitigen Frühjahr und bis in den Herbst in seinem Obstgarten, der schon der Obstgarten seiner Eltern und seiner Großeltern gewesen war und erlebte noch einmal den Lauf des Jahres. Am Abend ging er dann in die Wirtschaft. Jeden Abend. Dort fand das Leben statt, das es in der Familie nicht mehr gab: Gespräche, Diskussionen, Streitereien, Besserwisserei, Hochmut, Verbrüderung, Kartenspiel und vor allem das Biertrinken. Ohne Rausch ging er nicht nach Hause. Leicht torkelnd und auch singend manchmal schaffte er immer mühelos die 150 Schritte. Am Sonntag ging er in die Kirche und danach ans Grab, wo seine Eltern, seine beiden im Krieg gefallenen Brüder, seine Schwester und seine vor dreißig Jahren gestorbene Frau lagen. Er würde nun der nächste sein.

»Ich machs nicht mehr lang«, sagte er eines Abends im Herbst zu den Männern am Stammtisch. Er ging früher als gewohnt. In der Nacht wachte Fritz-Junior auf, denn im alten Teil der Werkstatt waren Geräusche zu hören. Er stand auf, ging hinüber und sah durchs Fenster, daß sein Vater an der Hobelbank arbeitete. So ging das mehrere Nächte. Am Tag redete keiner darüber, keiner fragte den Alten, und eines Morgens, als der Vater noch schlief, bewunderte der Sohn in der Werkstatt einen fertigen, perfekt mittels Schwalbenschwanzverzinkung gebauten Sarg, gebaut aus dem Holz des

Baumes, den der Vater des Alten seinem Sohn zu Beginn von dessen Lehrzeit geschlagen und zur Trocknung aufgestellt hatte. Wehmütig erinnerte sich der Sohn, daß das einmal Brauch gewesen war. Er hatte den Brauch durchbrochen, indem er seinen Baum für sein Meisterstück, ein Büfett, verarbeitet hatte. Als Frevel hatte sein Vater das damals angesehen.

»Den braucht man dann schon noch«, hatte Fritz-Senior damals zu mir gesagt, als ich nach dem Baum ganz hinten im Lager gefragt hatte.

Der Winter kam, Weihnachten, ein neues Jahr. Im Januar, es lag hoher Schnee, war Fritz-Senior am nächsten Morgen nicht wie gewohnt in seiner Kammer. Man suchte ihn und fand ihn. Kurz vor dem Gartentor war er beim Heimgang aus der Wirtschaft zusammengebrochen, im Schnee erstickt, erfroren. Ein Herzschlag, so der Arzt, war die Todesursache.

Man begrub ihn einen Tag nach Dreikönig in seinem Sarg.

Im Frühjahr, ehe sie noch blühen konnten, schnitt man die Obstbäume ab. Fritz-Junior reservierte sich einen Apfelbaum und ließ ihn, in Bretter geschnitten, dahin bringen, wo die Buche des Vaters gelagert hatte.

Ingvar Kamprad aus Elmtarysd in Agunnaryd

Jedesmal wenn ich dort bin, schwöre ich mir, ich gehe nicht mehr hin. Wenn ich dort war, schäme ich mich. Ich schäme mich, weil ich ohne nicht sein kann, weil es Tage gibt, an denen ich morgens schon spüre, ich muß wieder hin. Und dann gehe ich wieder hin. Es ist eine unbestimmbare Lust, es ist Gier, die mich immer wieder hinzieht. Die Lust davor, die danach schal und abgestanden ist. Ich bin schon den ganzen Tag aufgeregt, zittrig, bis ich endlich dort bin. Und nie ist es die wirkliche Befriedigung, immer hat es einen bitteren Beigeschmack. Du gehst voller Erwartung hin und kommst enttäuscht zurück. Ich war immer dort, wenn ich sehr allein, um nicht zu sagen einsam war. In den siebziger Jahren begann ich damit. Ich wollte mich öffnen, mich neuen Abenteuern aussetzen, wie auch immer. Ich wollte raus aus diesen selbstgebauten Puppenstuben der ersten Verliebtheit. Dort, so glaubte ich, würde ich die Abenteuer finden, ich ging hin, immer wieder, immer häufiger, und es ist mir seit damals nicht gelungen, darauf zu verzichten. Immer wieder zieht es mich hin. Immer hoffe ich, niemanden zu treffen, der mich kennt. Doch manchmal passiert genau das. Schnell versucht man noch wegzusehen, sich zu verstecken, zieht den Kopf tief in den Mantel. Manchmal ist es zu spät. Und man merkt, daß es dem anderen ebenso peinlich ist, hier

gesehen zu werden. Auch ihn trieb irgendeine Sehnsucht her. Neulich traf ich dort einen alten Bekannten – einen Filmarchitekten.

»Du hier?«

»Du hier?«

So unser leicht verklemmtes Begrüßungsritual.

»Ich statte doch jetzt diese TV-Soap-Geschichten aus – dusselige Familienserien – wie soll ich die anders einrichten als mit IKEA? Aber was machst du hier?«

»Recherche.«

»Ach was? Und wofür?«

»Ach, weißt du, ich schreibe jetzt ein Buch über Handwerken – und da will ich auch ein Kapitel über IKEA schreiben.«

Ich weiß nicht, wann ich das erste Mal bei IKEA war. Da IKEA 1974 nach Deutschland kam und in unmittelbarer Nähe meines Heimatortes in Eching bei München seinen ersten Laden aufmachte, muß es damals gewesen sein, nach der Trennung von meiner ersten Frau.

Ich glaube, mich faszinierte damals die Konzeption, die Idee, die eine Broschüre des Hauses so zusammenfaßt:

»IKEA! Die Firma, die die Idee hat, daß sich jeder nach seinem Geschmack einrichtet, nicht nach seinem Geldbeutel. Die Menschen suchen sich bei IKEA ihre Möbel selbst aus! Sie transportieren sie selbst heim. Sie bauen sie selbst auf.«

Das ist es: das Selbstaufbauen, das teilweise so simpel ist, daß es den Menschen, denen es gelungen ist, ihr Regal, ihre Kommode, ihren Sekretär selbst zusammenzuschrauben, das Gefühl gibt, sie hätten etwas Hand-

werkliches geleistet. Das befriedigt sie, macht sie stolz, läßt über mangelnde Qualität des Möbels hinwegsehen, denn irgendwie ist es doch etwas Selbstgemachtes, und das darf ja Mängel haben. Das ist das Geheimnis der Idee von

Ingvar **K**amprad aus **E**lmtarysd in **A**gunnaryd, der IKEA gegründet hat.

Ob man baut oder sich einrichtet, man kommt am schwedischen Möbelhaus nicht vorbei. Ob es Stühle oder Tische waren, Bettuntergestelle oder Matratzen, Sessel oder Sofas, wir kauften sie und sagten uns, sie waren nicht so teuer, daß wir sie nicht nach ein paar Jahren, wenn sie uns nicht mehr gefallen und eh kaputt sind, wegwerfen könnten. Je öfter wir umzogen, desto sicherer waren wir IKEA-Kunden. Wir wollten etwas Neues, gaben uns in der neuen Wohnung aber auch nur ein paar Jahre, also lief ein Teil der Einrichtung auf IKEA hinaus. Für ein paar Jahre des Übergangs oder bis man mehr Geld für bessere Möbel hat, tun es die von IKEA. Nur die Lampen erleben selten mehr als ein Jahr.

Wenn der Golf VW gerettet hat, dann war es bei IKEA das Billy-Regal. Früher in der DDR gefertigt, formalde-hyd-belastet, wie es hieß, jetzt angeblich sauber, hat Billy überlebt und ist ein Kultobjekt geworden. Billy, das Regal des letzten Viertels dieses Jahrhunderts! Billy in allen Haushalten, wo es Bücher gibt, und nicht nur dort.

Als wir 1987 unter anderem mit Tausenden von Büchern umzogen, hatten die alten, von mir vor Jahren gebauten Regale einfach ausgedient. Vier Umzüge hatten sie überlebt, immer wieder hatte ich sie neu zurechtge-schnitten, den jeweiligen neuen Bedingungen angepaßt.

Heute tun sie als Kellerregale weiterhin Dienst. Neue Regale mußten her. Natürlich war mein Plan, die Regale selbst zu bauen, gediegene, schwere, solide Regale aus massivem Holz. Das sei ich mir, dachte ich, schuldig. Ich rechnete und plante. Zwei Wände, insgesamt fünfzehn laufende Meter von einer Höhe von 2 Meter 70 waren mit Regalen zu bebauen. Es rechnete sich nicht. Selbst wenn ich nur das Material und nicht meine Arbeit berechnete, waren die Billy-Regale viel preiswerter. Dazu kam, daß ich genug andere Arbeit hatte. Also sollten es die Billys sein. Es stellte sich heraus, daß sie eine bewundernswerte Eigenschaft haben: Wenn man die zusammengebauten Regale aneinander und aufeinander stellte, also nicht die Zwischenräume zwischen den Regalen nur mit Einlegeböden verband, so daß jeweils breite, doppelte Wände entstanden, sah die Bücherwand plötzlich nicht mehr nach IKEA aus. Von mir also keine Klagen gegen, kein schlechtes Wort über Billy! Von mir nicht.

Welcher Teufel aber ritt IKEA, uns jetzt ein Billy-Eckregal (Katalog 1999, Seite 148/149, ab 239 DM) anzubieten? Das ist blanker, haarsträubender Unfug. Man kann die Billy-Regale sehr gut über Eck stellen, Kante an Kante, verliert nur einen Raum von der Tiefe der Regale, 28 Zentimeter. Das Eckregal mit einem rhombenartigen Querschnitt bietet nicht für ein einziges Buch mehr Platz. Es schneidet die Ecke diagonal ab, und hat die schlechte Eigenschaft, daß die Bücher, die am Rand stehen, nach hinten versinken, weil sie keine Seitenwand haben, an der sie glatt anliegen können. Wer will das, wer braucht das? Wir sind einmal auf ein

solches Regal hereingefallen, und wir nannten es das Büchergrab. Da kam mir eines Tages ein das Eckregal möglicherweise rettender Gedanke.

IKEA, einst angetreten als Möbelhaus für die finanzschwachen Jungvermählten und deren erstes Heim oder für Studentenwohnungen, schickt sich an, uns durch das ganze Leben zu begleiten. Die Möbel sind gediegener, die Verarbeitung ist besser, freilich sind auch die Preise gestiegen. Von den Kindermöbeln, dem Bettchen, dem Tischchen, dem Stühlchen über die Möbel für junge Leute, die praktischen, einfachen, bis zu den Ohrensesseln und den massiven Schränken reicht die Palette. Betten, in denen wir heranwachsen, Betten, in denen wir den Nachwuchs zeugen, Betten, in denen wir sterben, Sessel, in denen wir endlich die dicken Romane der Weltliteratur lesen, unsere Zigarre rauchen, den Lebensabend verbringen. Von den Vasen, Tassen, Tellern, Bestecken, Salatsieben, Käsereiben, Badezimmerspiegeln, Teppichen, Töpfen und Blumenbänken ganz zu schweigen. Wir müssen, so wir nicht einen anderen, ausgefalleneren Geschmack oder einfach zu viel Geld haben, in unserem Leben kein anderes Möbelhaus mehr aufsuchen. Doch mit dem letzten Möbel, das wir brauchen, läßt uns IKEA im Stich. Im ganzen IKEA-Programm kein Sarg.

Da liefern uns die Schweden am Ende den Beerdigungsinstituts-Haien aus, die uns ihre teuren, völlig überdimensionierten komfortablen Prunksärge verkaufen, die wie Staatskarossen daherkommen. Sie kosten soviel wie ein Kleinwagen, und wenn wir uns verbrennen lassen wollen, dann verspricht man uns auch noch, daß diese edlen

Prachtstücke mitverbrannt werden, was ohnehin niemand glaubt und was ja auch unwirtschaftlich und unsinnig wäre. Da leben wir jahrelang in preiswerten Möbeln, und für die wenigen Meter von der Leichenhalle bis zum Grab oder zum Krematorium werden wir fürstlich gebettet, nur weil eine Bande von Monopolisten sich dabei eine goldene Nase verdient. Lieber Elch aus Schweden, du hast uns vor den unsäglichen Möbel-Centern mit ihren Mammut-kreationen, dieser Ansammlung schlechten Geschmacks erfolgreich geschützt, du hast uns deinen Geschmacks-stempel aufgedrückt, mit dem wir klarkamen, doch am Ende verläßt du uns. Warum?

Ein Vorschlag zur Güte:

Das Billy-Eckregal, dieses ansonsten unnütze Gebilde, flach, mit der Rückwand auf den Boden gelegt, hat doch schon die klassische Form eines Sargs. Zwei Meter zwei lang, das reicht fast für jeden von uns, im Inneren fast achtzig Zentimeter Raum, auch das genügt. Vier Griffe aus dem Küchenprogramm, und unsere Hinterbliebenen können uns tragen. Fehlt nur noch ein Deckel. Sollten uns unsere Hinterbliebenen auf unserem letzten Gang sehen wollen, empfehle ich die gläsernen Billy-Vitrinentüren. Ansonsten sollte man über einen geeigneten, möglicher-weise auch dezent dekorativen Deckel noch nachdenken. Ich kann mir nichts Erhebenderes vorstellen, als in einem Bücherregal begraben zu werden, vielleicht mit meinen Lieblingsbüchern. Und nachdem Billy nun wohl nicht mehr formaldehyd - belastet ist, dürften sich weder bei der Verbrennung durch eventuell austretende Gifte, noch bei der Erdbestattung für die Gesundheit der Würmer und des Bodens Probleme ergeben.

Und nach der Verbrennung empfehle ich die Vase »Valuta« (Katalog 1999, Seite 260, 10 DM) oder die »Servierschüssel mit Deckel und praktischem Griff« aus der Serie IKEA 365 + For all the days of the Year (Katalog 1999, Seite 264, 69 DM). Das ist sehr viel billiger als jede Urne.

Mit IKEA leben – mit IKEA sterben!

»Fest der Sinne«

»Nähern Sie sich dem wunderbaren Werkstoff Holz mit dem passenden Handwerkszeug, um ihm ein zweites Leben zu schenken.« Das schreibt Dr. Rudolf Dick, der Inhaber eines Geschäftes für edles Werkzeug in seinem Katalog. Der Katalog ist ein Muß für jeden Handwerkenden. Japanische Sägen (»impulsgehärtete Einwegblätter mit extrem langen Standzeiten«), schwedisches Schnitzwerkzeug (»hier stehen Mensch, Werkzeug und Material in einer harmonischen Wechselbeziehung«), chinesische Raspeln (»das etwas unregelmäßige Finish gewährleistet einen höchst effektiven Abtrag«), schwedische Äxte (»die Klingen aus Kohlenstoffstahl bei relativ niedrigen Temperaturen und hoher Schlagfrequenz geschmiedet«), englische Drechseleisen (»feingeschliffene Klingen sind in polierte, ergonomisch geformte Palisandergriffe eingesetzt«), amerikanische Schraubzwingen (»mit den drehbar gelagerten, gegenläufigen Spindeln können die Backen parallel oder schräg geführt werden«), Schweizer Stemmeisen (»Stahl im Gesenk geschmiedet, im Elektroofen wärmebehandelt, von Hand geschliffen und poliert«), deutsche Hobel (»spielfreie Spandickeneinstellung, Eisenvorspannung mit Anpreßfeder, Maulöffnung über Schiebeplatte fein justierbar, laterale Einstellung des Eisens über Excenter-Rändelschraube, Korpus und Nase aus luftgetrocknetem Birnbaumholz«) und so weiter. »Mit diesem Katalog«, schreibt Dr. Dick, »dürfen wir Sie einladen zum Fest der

75

Sinne. Weiden Sie Ihre Augen an der unaufdringlichen Schönheit jener Geräte, die allein aus der Funktion heraus geschaffen wurden.«

Ich weide meine Augen immer wieder. Staunend und fasziniert betrachte ich die Abbildungen von Geigenbauhobeln, Bonsaischeren, Fischformmessern, Schreinerklüpfeln (Holzhämmern), Naturschärfsteinen, Violin-Wirbelreibahlen und dergleichen mehr. Werkzeuge, die ich nie brauchen werde, die ich noch nie gesehen habe, die ich aber gern einmal in der Hand hätte. Da konnte mir und kann jedem Werkzeugfreak geholfen werden. In Metten bei Deggendorf, in Niederbayern, kann man in den Ausstellungsräumen der Firma ›Dick Feine Werkzeuge‹ alle im Katalog gezeigten Werkzeuge sehen, anfassen und sogar mit ihnen arbeiten. Da mußte ich hin!

Prozessionen muß man zusammen mit anderen Gläubigen unternehmen. Jupp (»die spinnen, das braucht man doch alles nicht«) und Leopold (»sollen diese, meine Hände arbeiten?«) sind Ungläubige. Zu sachlich ist ihr Verhältnis zur Arbeit, zum Handwerk, zum Werkzeug. Profi der eine, Subunternehmer, Arbeitanschauer, der andere.

Bleibt Peter.

Peter ist Schauspieler und Handwerkender aus großer Leidenschaft. Während ich Jupps Meinung mehr oder weniger teile, daß man das nicht alles braucht, mir aber die Theorie zurechtgelegt habe, daß die Schönheit eines Werkzeugs allein schon genügt, es haben zu wollen, glaubt Peter im Moment des Anblicks eines schönen und perfekten Werkzeugs, dieses zu brauchen. Er ist willfähriges Opfer dieser Spekulation auf den edlen Geschmack passionierter Handwerkender. Wie der passionierte Kochende eine

chromblitzende Spaghettimaschine nachhause trägt, wohl ahnend, daß er auch künftig seine Nudeln nicht selbst machen wird, so ersteht Peter eine Säge, die er schon deswegen nicht brauchen wird, weil er schon eine mindestens genauso gute, vielleicht aber nicht so schöne, hat. Aber ich bin auf seiner Seite. Schönes Werkzeug ist wie ein Bild. Man schaut es immer wieder an. Es ist sogar mehr. Man faßt es an und man arbeitet damit, das heißt man denkt sich eine (gegebenenfalls zwecklose) Arbeit aus, um das Werkzeug einzusetzen. So entstehen dann die Dinge, die kein Mensch braucht, wie die Schlüsselbrettchen von Onkel Franz.

Peter spielt gut Geige. Das erwähne ich, weil ich einen Zusammenhang zwischen Geige und Werkzeug sehe. Ich mußte als Kind Geige spielen. Im Gegensatz zu Peter war ich musikalisch völlig unbegabt. Ich habe gelitten. Heute weiß ich – und es zerreißt mir noch immer das Herz – daß ich die Geige (ein Familienerbstück) als Instrument mochte. Sie gefiel mir, ich liebte ihr warmes dunkles Holz, ich hörte gerne in sie hinein und bewunderte sie. Ich streichelte sie oft und entschuldigte mich dafür, daß ich mit ihr nicht tun konnte, was sie verdient hätte. Wenn ich heute darüber traurig bin, daß ich auf der Geige so gut wie nichts gelernt habe, dann mehr wegen des schönen Instruments als wegen einer geigerischen Kleinkarriere, die an mir vorübergegangen ist. Nach dem Abitur verkaufte ich die Geige weit unter ihrem Wert.

Zum 50. Geburtstag schenkte mir meine Frau mit schöner Absicht eine Geige. Ich hatte 30 Jahre nicht mehr gespielt und fand keinen Zugang mehr. Heute weiß ich – und das muß einfach einmal, auch meiner Frau gegenüber, eingestanden werden: Sie hätte mir lieber einen Clifton-Multi-

hobel schenken sollen, der ca. 1500 Mark kostet, also ungefähr genau soviel wie die Geige.

Peter handwerkt, wie man Geige spielt: mit Ehrfurcht. Mit ihm die Pilgerfahrt zu Dr. Dicks Werkzeugen zu machen, schien mir sinnvoll. Da Peter nicht nur gläubig, sondern (katholisch) religiös ist, wird er, dachte ich mir, das Werkzeug anbeten.

Wir fuhren hin und er betete es an.

Wir standen an Hobelbänken und probierten die japanischen Sägen aus, die auf Zug schneiden, wir bestaunten die Vielfalt der Hobel, wir erfragten den Sinn von Werkzeugen, die wir noch nie gesehen hatten und unter denen wir uns nichts vorstellen konnten. Manche waren für den Musikinstrumentenbau gedacht. »Kauf sie dir«, sagte ich, »dann kannst du dir mal selber eine Geige bauen.«

Peter hatten es – ich weiß nicht, warum – jedoch die Äxte angetan. In ihren Eisen haben sich die schwedischen Schmiede mit ihren Initialen verewigt. Mir gefielen die Hobel, unzählige, aus Guß, aus Holz, edle, teure Stücke. Messer, handsigniert von den Japanern, die sie hergestellt haben, in Wasser liegende Schleifsteine, Diamantschleifsteine in Holzkassetten, Meß- und Anreißwerkzeuge usw. Ja, man möchte das alles zu Hause haben. Und das hat tatsächlich gar nichts mehr damit zu tun, ob man es braucht. Es ist einfach schön, vernünftig, zweckmäßig – wie sagt Dr. Dick: »allein aus der Funktion heraus geschaffen ...«

Wir waren versunken und andächtig. Peter sehe ich so sonst nur in Kirchen.

»Was Menschenhand sich alles ausdenkt«, sagte ich.

»Ja!« sagte Peter ehrfürchtig.

Im Paradies

Wenn man in dieser Kathedrale des guten Werkzeugs war und man kommt zum ersten Mal wieder in einen Baumarkt, dann ist das ein Wechselbad wie von Harrods zu Woolworth. Mich verbindet mit den Baumärkten eine Haßliebe, die meinem Verhältnis zu IKEA ähnelt. Mit dem Unterschied, daß ich von dort immer mit dem Vorsatz weggehe, es war das letzte Mal, während ich weiß, in die Baumärkte wird es mich immer wieder ziehen. Ich komme an ihnen nicht vorbei. Natürlich kann ich mir Schrauben, Nägel, Dübel, Holzleisten, Leim, was man eben so braucht, in Fachgeschäften kaufen. Aber es ist das Schauen, das uns in die Baumärkte treibt. Im Fachgeschäft, schon weil es den Platz nicht hat, sind die Kleinartikel in Schubladen verborgen, und von Werkzeugen und Maschinen gibt es nur eine bescheidene Auswahl. Im Baumarkt liegt alles ausgebreitet vor uns, zum Anschauen und zum Anfassen. Ganze Straßenzüge voller Werkzeug und Material harren unser, und wir kennen alles, haben alles schon gesehen und gehen doch immer wieder hin. Der Vorwand ist einfach. Irgendeine Schraube, eine Beilagscheibe, eine Leiste brauchen wir immer. Stets basteln wir an irgend etwas, an einem Vogelhäuschen, einem Türschloß, einer Lampe, und immer wieder fehlt uns ein Schräubchen, ein Draht, eine Sicherung, ein Stift. Statt in der heimischen Werkstatt zu suchen, gehen wir in den Baumarkt. Ich stand dort schon, sah dieses und jenes, fragte mich, ob

ich das vielleicht brauche und vergaß dann das, weswegen ich eigentlich hingefahren war – oder es fiel mir einfach nicht mehr ein.

Im Baumarkt sind wir Handwerkenden wie die Kinder an den letzten Regalen der Supermärkte, vor der Kasse, wo für sie in ihrer Höhe die Süßigkeiten aufgebaut sind. Verlockungen hat man uns hingebreitet, noch einmal reduzierte Preise, immer wieder Maschinen, die etwas können, was die anderen noch nicht konnten. Vom Bandschleifer bis zum Deltaschleifer, vom Elektrofuchsschwanz bis zum Elektrohobel, für alles, was man auch mit der Hand tun kann, gibt es eine Maschine.

Im Baumarkt trifft man Gleichgesinnte, wenn man die Heimwerker in Gottes Namen auch einmal dazu zählt. Da das Personal kein Fachpersonal ist, in den meisten Fällen von nichts eine Ahnung hat und völlig desinteressiert ist, was sich meistens in Antworten wie »ich bin hier nicht zuständig«, »ich hab jetzt keine Zeit«, »ich mache gerade Mittagspause« oder »da muß ich jetzt selbst einmal nachfragen« manifestiert, ist man auf die Gleichgesinnten angewiesen. Der junge Mann, der »selbst einmal nachfragen« wollte, taucht nie mehr auf, aber dann steht meistens ein anderer Kunde zur Verfügung, der gern Auskunft gibt.

»Also ich hatte ja erst die von Black & Decker, aber die hat's nach vierzig Betriebsstunden nicht mehr getan, dann hatte ich die Bosch, aber die flattert ab 20 Millimeter Materialstärke, jetzt hab ich die Metabo, mit der bin ich ganz zufrieden.« Die so oder ähnlich Auskunft geben, das sind die Heimwerker, die mit den fortlaufenden Generationen von Heimwerkermaschinen alt wer-

den. Das sind aber auch die leidenschaftlichen Baumarktgeher. Wenn sie schon Rentner oder arbeitslos sind, dann sieht man sie während der Woche, haben sie noch einen Job, dann treten sie am Samstag in Massen auf. Sie kommen ohne Ziel in den Baumarkt. Sie brauchen nichts, sie haben das eigentlich alles schon, sie wollen gucken, anfassen, reden. Für sie ist dieser Besuch Therapie, Entspannung, Erholung, Lust. Zu Hause haben sie alles gebaut, alles repariert, mehr an Selbstgemachtem lassen die beengten Wohnverhältnisse oder eine umsichtige Gattin nicht mehr zu. Manche von ihnen kenne ich schon, mit denen habe ich schon gefachsimpelt. Wir grüßen uns bereits, voneinander und von unseren Maschinen wissend. Wenn der immer dann auch hier ist, wenn ich hier bin, denke ich mir, dann kann ich hochrechnen, daß er im Gegensatz zu mir vermutlich jeden Tag vorbeikommt. Aber vielleicht denkt er das von mir auch.

Unglückselig sind die Baumarktliebhaber, die sich dazu haben überreden lassen, den Baumarktbesuch zusammen mit dem Partner/der Partnerin zu absolvieren.

Man braucht für die Dusche einen neuen Vorhang und eine Stange. Letztere könnte er alleine mitbringen, beim Vorhang mißtraut sie seinem Geschmack, und da ist die Gelegenheit doch günstig, da geht sie mit. So hat er sich das nicht gedacht. Da hat man sich so auf diesen freien Tag gefreut, um endlich mal in aller Ruhe mehrere Stunden im Baumarkt zuzubringen, jetzt das. Und das kennt er doch:

»So, Schätzchen, jetzt haben wir das. Nun könnten wir doch noch da drüben in das Möbelparadies gehen!«

»In das Möbelpa – wozu?«

»Na, einfach mal gucken.«

»Aber wir haben doch alles, ich meine, wir brauchen –«

»Nur gucken.«

»Aber ich – ich wollte noch nach einem Sägeblatt für die Handkreissäge gucken.«

»Hat die noch kein Sägeblatt?«

»Doch – aber – da – also – da gibt es verschiedene, und ich –«

»Gut, dann geh' ich so lange in die Gartenabteilung raus. Ich brauche eh zwei Blumentöpfe.«

Und weg ist sie.

Das Sägeblatt ist ein Vorwand. Das tut es noch. Und man kann es schleifen lassen. Gut, das dauert eine Woche – und wenn man in der Zeit etwas sägen will, ein Reserveblatt wäre nicht schlecht. Sind aber verdammt teuer. Eigentlich will er schon lange mal, und das hatte er sich für heute vorgenommen, dieses ganze Sortiment der Mini-Heimwerkermaschinen genauer anschauen. Dafür machen sie jetzt so viel Werbung im Fernsehen. Und zwei Arbeitskollegen haben sie bereits, und sie schwärmen davon, wie handlich und klein sie sind, und wie präzise man gerade die Feinarbeiten an Modellschiffchen oder Vogelhäuschen oder Weihnachtskrippen verrichten kann. Gut, so was baut er selbst an und für sich nicht, aber wenn er die Geräte hätte, täte er es vielleicht. Doch, sicher sogar. Man kann auch Fliesen damit schneiden – das zeigen sie oft im Fernsehen. Jedenfalls will er sich das mal ansehen, sich ein Bild davon machen. Der eine Arbeitskollege steht auf das System von DREMEL, der andere auf das MICROMOT von

PROXXON. Da will er doch mal sehen, welches ihm mehr zusagt. Er marschiert los – da ist die Werkzeugstraße, da sind die Maschinen – ach, da will er doch gleich erst mal nach einem Sägeblatt gucken. Nein, sind die teuer! Da ist ja das Sägeblatt wohl das Teuerste an der ganzen Kreissäge. Das könnte er sich eigentlich verkneifen. Für das Geld bekäme er schon das Basisbohrgerät von PROXXON (MICROMOT 40E).

Da kommt sie schon, bewaffnet mit zwei roten Tontöpfen.

»So, hast du dein Sägeblatt?«

»Ja – das heißt –«

»Gut, dann gehen wir ins Möbelparadies.«

»Moment, ich will noch mal die Preise vergleichen. Sind teuer –«

»Du hast doch gesagt, die Säge hat ein Blatt.«

»Ja, aber als Reserve.«

»Du sägst doch nie damit.«

»Nanana!«

»Wann hast du das letzte Mal – ?«

»Das Regal im Weinkeller.«

»Das ist mindestens drei Jahre her.«

»Eben – jedenfall ist das Blatt jetzt stumpf.«

»Wieso wird das denn stumpf, wenn du nie damit sägst?«

Er gibt auf. Er verzichtet auf das Sägeblatt, auf den Vergleich zwischen PROXXON und DREMEL sowieso.

Er folgt ihr ins Möbelparadies. Da bleiben sie zwei Stunden. Dort essen sie auch. Dann ist ja um die Ecke auch ein ALDI. Sie gehen also zu ALDI. Dort ist das Sonderangebot der Woche eine Handkreissäge. Sie kostet

nur zehn Mark mehr als das Reservesägeblatt gekostet hätte. Er kauft sie.

Sie findet das ja ganz in Ordnung, daß er in den Baumarkt geht und sie versteht auch, daß ihm das eine Lust ist. Immerhin hat er das eine oder andere am Haus doch selbst gemacht. Gottseidank ist er nicht so verrückt wie seine Arbeitskollegen, die mit so klitzekleinen Spielzeugmaschinen Schiffchen bauen. Was sie nicht versteht, ist, daß er sich immer einen Grund ausdenkt, in den Baumarkt zu gehen.

»Ich brauche da gerade mal drei Schrauben.«

Drei Schrauben, das weiß sie, gibt es dort gar nicht.

Oder: »Wenn wir am Wochenende einen schönen Fahrradausflug machen wollen, dann sollte ich doch die Räder ölen. Ich geh mal schnell Öl holen.«

Warum sagt er nicht einfach »ich hab jetzt Lust, im Baumarkt herumzugucken«, so wie sie ja auch sagt »ich geh jetzt in die Stadt, Klamotten gucken.«

Und dann kommt er immer mit irgendwelchen Sachen nach Hause, deren Vorzüge er ihr erklärt. Es sind die Dinge, die als Sonderangebote an der Kasse stehen. Neulich zum Beispiel legte er vier rote, seltsame Gebilde auf den Tisch, war stolz und nicht darüber erstaunt, daß sie sich darunter überhaupt nichts vorstellen konnte.

»Was ist das?«

»Winkelzwingen.«

»Was?«

»Winkelzwingen.«

»Wozu ist das?«

»Wenn man zum Beispiel einen Bilderrahmen baut,

84

dann kann man mit diesen Zwingen die auf Gehrung geschnittenen Leisten im Winkel von 90 Grad verleimen. Und die Zwingen halten das, bis der Leim getrocknet ist.«

»Und warum braucht man da vier Stück?«

»Weil ein Bilderrahmen ja wohl vier Ecken hat.«

»Da kannst du doch erst die eine verleimen, trocknen lassen, dann die nächste und –«

»Dann hocke ich eine Woche an einem Bilderrahmen, was?«

»Was willst du überhaupt rahmen?«

»Äh – im Moment nichts – es ist nur, wenn man dann mal was rahmen will, dann muß man nicht erst losrennen – und dann haben sie die nicht – oder nicht so günstig –«

»Was kosten die denn?«

»Zwölf Mark.«

»Eine?«

»Um Gottes Willen, nein, all vier zusammen.«

Schweigen.

»Im Fotogeschäft haben sie schöne Rahmen. Neunmarkfuffzig.«

»Haha. Schrott. Was steht hinten drauf? Indonesien, Taiwan oder was?«

»Weiß ich nicht. Sie sind auf jeden Fall sehr schön, da kann man ja mal zwei kaufen.«

»Wofür?«

»Naja, wie du gesagt hast, wenn man mal was rahmen will.«

»Und dann liegen sie unnütz herum.«

»Diese Winkeldingsbums-Dinger da, die liegen doch jetzt auch rum, oder?«

Beleidigt trägt er sie in seinen Bastelkeller, wie so

vieles. Daß ihm diese Winkelzwingen den Grund liefern werden, sich das Kappgerät von Proxxon zu kaufen (259 Mark), mit dem man präzise Rahmenleisten auf Gehrung schneiden kann, das sagt er ihr lieber nicht.

Und sie denkt darüber nach, ob es nicht sinnvoller ist, mit dem Kauf der von armen Indonesiern hergestellten Bilderrahmen für 9 Mark 50 ein gutes Werk zu tun, als daß ein erwachsener Mann mit solider Berufsausbildung sich tagelang hinsetzt, um solche Rahmen selbst zu bauen. Sie näht sich schließlich auch nicht den Rock selbst, den sie bei H&M für 39 Mark 50 kaufen kann. Und sie denkt, daß es ein Fluch ist, daß der Baumarkt so nah ist, gleich um die Ecke. Und ganz, ganz heimlich hofft sie, daß sie ihn mal erwischen, wenn er aus Wut darüber, daß es manche Schrauben nicht einzeln gibt, sondern nur im Dutzend abgepackt, drei Schrauben klaut. Dann würde er Hausverbot bekommen. Und der nächste Baumarkt ist weit draußen im Industriegebiet, beim Möbelparadies eben. Das ist dann doch eine halbstündige Autofahrt. Die würde er eher scheuen.

Als er irgendwann aus dem Keller wieder heraufkommt, will sie schon wieder lieb zu ihm sein:

»Schätzchen, kannst du nicht mal die Lampe am Bügelbrett reparieren?«

»Ja, schon. Aber da ist die Fassung mit dem integrierten Schalter kaputt. So eine hab ich nicht. Da muß ich mal eben in den Baumarkt ...«

»Ach, laß nur, Schätzchen, es geht auch so.«

Ein Haus für einen Frosch

Wenn er seine FESTO-Tauchsäge (ATF 55) in die auf dem Material selbsthaftende Führungsschiene (FS 1400) stellt und sie dann butterweich in die Spanplatte drückt, dann überkommt auch Jupp immer mal wieder ein Glücksgefühl. Er, der täglich beim Bau von Küchenmöbeln mit ihnen arbeitet, weiß gute, perfekte, genial erdachte Maschinen zu schätzen. Beim Werkzeug ist Jupp geradezu spartanisch. Er hat nur das Wichtigste, das allerdings von Qualität. Über unsere Manie, gute Werkzeuge zu sammeln, ohne daß wir dafür tatsächlich regelmäßige Verwendung haben, lacht er. Unsere Möglichkeit allerdings, einfach irgendwelche relativ unsinnigen Dinge zu bauen, beneidet er oft, obgleich er auch leicht »den Affen bekommt«, wenn er zum Beispiel Peter bei der Arbeit zusieht. »Die Zeit müßte ich haben!«

Gute Maschinen den Baumarkt-Heimwerkermaschinen vorzuziehen, die man beispielsweise auch bekommt, wenn man für die Zeitung einen Abonnenten geworben hat, das hab ich bei Jupp gelernt. So gehören heute zu meinem Bestand: die FESTO-Tauchsäge ATF 55 mit der Führungsschiene FS 1400, die FESTO-Pendelstichsäge PS 2 E, der FESTO-Akku-Bohrschrauber CDD 12 ES-Plus mit zwei Akkus und dem 15-Minuten-Super-Schnelladegerät MC 15 CDD und einem Bit-Depot. Das sind schöne, präzise arbeitende, zuverlässige, durchdachte Geräte, mit denen zu arbeiten eine Freude ist. So hat der Akku-Bohrschrauber zum Beispiel einen im Handgriff installierten Rechts/Links-Schalter, an dem man die Drehrichtung mit einem Finger

der Hand, in der man den Schrauber gerade hält, wechseln kann. (Schraube rein – Schraube raus). Da muß man bei anderen Geräten absetzen, mit der anderen Hand umschalten, wieder neu ansetzen etc. Und für jedes FESTO-Gerät gibt es eine Kiste, ein Häuschen sozusagen, einen sogenannten Systainer (System-Container), der für die jeweilige Maschine nebst Zubehör Platz hat. Man kann die Systainer stapeln, miteinander verbinden zum Turm. Der ruht auf Rollen und einem Handkarren. Da rollt der FESTO-Mann heran!

So könnte ich weiterschwärmen, und man würde annehmen, dass mich die Firma FESTO sponsert. Darum sei gesagt, daß meine Kapp/Tischkreissäge-Kombination von ELU ist. Eine professionelle Maschine, die FESTO in nichts nachsteht.

Generationen von Billigmaschinen, und das ist so ziemlich alles, was in den Baumärkten herumliegt, haben auch uns passionierte Handwerkende zu den Profimaschinen gebracht. Eine FESTO-Manie ist unter uns ausgebrochen. Denn was für Stemmeisen, Hobel und Säge gilt, trifft auch auf die Maschinen zu, auf die man ja nicht ganz verzichten kann und mag: Qualität, für den Profi konzipierte Technik, schönes Design – auch darauf achten die Hersteller zunehmend – läßt einen alle Vorgänger vergessen. Wir Nichtprofessionellen erheben, wie es unsere Art ist, diese Schöpfungen, die wir gar nicht mehr Maschinen nennen wollen, in den Kult-Status, wie Espressomaschinen, Gasherde und allenfalls noch Autos.

Jupp und ich verehren, achten, respektieren und bewundern unsere Maschinen. Der wirkliche, aufrichtige und hingebungsvolle Liebhaber aber ist Peter. Er liebt seine

Maschinen, womit ich nicht gesagt haben will, daß er seine Frau nicht auch liebt. Das nur zur Klarstellung. Er spricht von der großen Faszination der Maschinen und von ihrem »Ingenieurs-Witz«, eine schöne Bezeichnung.

Überhaupt: wenn es einen passionierten Handwerkenden gibt, dann ist es Peter. Er handwerkt nicht nur leidenschaftlich, er kann auch genauso darüber sprechen. Von der Aufregung der ersten Idee des zu Bauenden, vom Forschergeist, vom Herzklopfen bei den ersten Handgriffen, von der Lust des Vollendens spricht er, von der spannenden Ungewißheit, von der immer wieder überraschenden Wendung, vom Eigenwillen des Materials, vom Reiz der psychisch und physisch erlebten Entstehung von etwas Neuem, nie Dagewesenem.

Peter erzählte mir neulich ein schönes Beispiel dafür, wie sich ein zu bauender Gegenstand während des Schaffensprozesses verändert, weil der passionierte Handwerker sich darauf einläßt, der Phantasie nachzugeben, was der Profi niemals tun würde. Wenn der ein Fenster plant, dann baut er ein Fenster, und es wird ein Fenster und nichts anderes. Wenn der Passionierte beginnt, ein Fenster zu bauen, kann man nicht sicher sein, daß es am Ende nicht eine Lampe wird bzw. ein Fenster, das so tut, als ob es ein Fenster sei, in Wirklichkeit aber eine als Fenster getarnte Lampe ist.

Peters Beispiel:

Ein Verwandter hatte Geburtstag. Was ihm schenken? Er sammelt leidenschaftlich Frösche. Eine Bekannte töpferte einen Frosch, lasierte ihn. Ein perfektes Geschenk – aber wie packt man es ein? In Papier, in einen Schuhkarton? Nicht Peter. Nein, er würde ihm eine Holzkiste bauen. Edler Frosch verlangt edle Kiste. Während er die Kiste baute,

dachte er sich, es wäre doch schön, wenn man den Frosch sehen könnte. Also konzipierte er ein Fenster in der Kiste. So hätte sie aber plötzlich wie ein Sarg ausgesehen. Was tun? Was war die Grundintention? Ein Haus für den Frosch! Peter baute also ein Haus. Aber im Haus hätte man den Frosch wieder nicht gesehen. Also kam die Idee eines durchsichtigen Daches. Das bedeutete, es mußte ein perfekter Dachstuhl im Miniaturformat gebaut werden. Peter baute ihn.

Man kann diese Geschichte so stehenlassen. Aus der Kiste wurde im Zuge des Bauens ein Haus mit Dachstuhl-Konstruktion. Man könnte aber auch sagen: Peter wollte einfach einmal einen Dachstuhl im Miniaturformat bauen. Der Frosch war nur willkommener Anlaß, denn es wäre Peter wohl sonst nicht eingefallen, einfach einen kleinen Dachstuhl zu bauen. Die Zeit wäre ihm zu schade gewesen. Durch den Frosch bot sich endlich die Legitimation und er nahm sie an. Mir geht es ähnlich. Ich baue Lampen. Aber der Beleuchtungskörper wird immer unwesentlicher. Das abenteuerliche Drumherum ist das Wesentliche. Würde ich aber nur das bauen, könnte ich das nicht einmal vor mir selbst rechtfertigen. Also schaffe ich das Alibi des Beleuchtungskörpers.

Peter will eigentlich, das liegt auf der Hand, ein Haus bauen – sich seinen Dachstuhl konstruieren. Er hat kleine Kinder, ist jünger als ich, hat noch nicht die Möglichkeit dazu. Der Frosch ist seine Familie in Miniatur, ihr baut er ein Haus.

Ich dagegen will gar nichts Brauchbares mehr bauen. Ich will nur noch bauen. Aber das trau ich mich noch nicht. Also baue ich Lampen. Noch.

Das Auskommen

Meine Familie, wie ich sie in meiner Kindheit kannte, gibt es kaum mehr. Onkel Walter, der Schlüsselbrettbastler mit der Spätberufung zum Abstrakten, Tante Leni, seine Frau, Onkel Franz, der sicher zu Füßen Gottes sitzt und »knipp« macht, Tante Maria, Onkel Karl, der betrügerische Anwalt, Onkel Herbert, der Architekt, und Tante Barbara, die immer »ihr Auskommen« hatte, wie meine Mutter sagte, sie alle sind tot. Die Kinder und Enkelkinder sind in alle Welt verstreut. Sie sind Anwälte und Eisenbahner, Ärzte und Beamte geworden. Von einem Handwerker ist mir nichts bekannt. Das wurde man in dieser Familie einfach nicht. Auch mein Vater ist gestorben, der Kettenraucher. Seine Bausparer, die ihm am Ende seines Lebens noch eine gewisse Solidität und meiner Mutter ein besseres Auskommen ermöglichten, bauten mit Onkel Herbert die scheußlichen Stadtrandhäuser der sechziger und siebziger Jahre.

Meine Mutter lebt noch. Sie hat das Haus verkauft und bewohnt eine kleine Eigentumswohnung in der Stadt. Diese Wohnung, die sie mir also mal vererben wird, ist für sie der einzige Garant dafür, daß ich einmal nicht am Hungertuch nagen werde. Denn ihre Vorstellung von meiner Zukunft habe ich nicht erfüllt. Ich bin nicht Rechtsanwalt und nicht Architekt geworden, und ich habe aus meinem Talent, zu handwerken, nichts gemacht. Damit waren die Basteleien der Kindheit und

Jugend aus ihrer Sicht umsonst. Ich bin Schriftsteller geworden, was in meiner Familie in der Rangordnung des Verachtenswerten noch vor dem Handwerker kommt. Daß ich über mich, meine Eltern, meine Familie, meine Kindheit und Jugend, eben über das schrieb, was ich kenne, darüber konnte mein Vater sich noch amüsieren, solange er gut dabei wegkam. Für meine Mutter war und ist es einfach der Beweis dafür, daß meine Karriere mißlungen ist.

Als ich neulich bei ihr war, um ihr ein drahtloses Telefon zu installieren, da schaute sie mir von ihrem Sessel aus interessiert zu, und sie versuchte auch, meine Erklärungen zu dem Gerät zu begreifen. Ich klemmte das alte Telefon ab, mußte eine neue Dose setzen, etwas bohren und dübeln. Währenddessen fielen meiner Mutter noch etliche »Kleinigkeiten« ein, so daß der Nachmittag und der Abend mit allerlei Reparaturen vergingen. Ein zu entkalkendes Sieb am Wasserhahn, der verstopfte Siphon am Waschbecken im Bad, die lockere Aufhängung der Dusche (die ich übrigens in jedem Hotel erst einmal repariere, wofür ich immer einen Kreuzschlitz-Schraubenzieher dabei habe), der Schalter an der Stehlampe hatte einen Wackelkontakt, und die Tür des Kühlschranks sollte eigentlich nach der anderen Seite hin aufgehen. Genug Arbeit.

»Wie lieb von dir, daß du mir das alles machst.«

Wenn mich meine Mutter so lobt, dann warte ich erst einmal ab, denn da kommt meist eine Einschränkung nach.

»Naja, es gehört ja eh alles einmal dir.«

Schweigen.

»Daß du das alles kannst.«

Schweigen.

»Du warst immer so geschickt.«

Schweigen.

»Von deinem Vater hast du das nicht.«

Schweigen.

»Das hast du von mir.«

»Ja, ich weiß.«

Schweigen.

»Ich weiß noch, wie du dieses lange Boot gebaut hast. Weißt du das noch?«

»Klar.«

»Und dann ging es nicht vom Speicher runter. Weil du nicht auf mich gehört hattest. Ich hatte immer gesagt, Junge, das kannst du doch nicht da oben zusammenbauen, wie willst du das runterbringen? Aber nein, dein Dickkopf. Du hattest immer deinen Dickkopf.«

Ich schwieg, auch wenn's schwerfiel. Meine Mutter und ich haben immer verschiedene Erinnerungen an das, was war. Jeder hat seine Wahrheit, die er verteidigt.

»Nehmen sie das noch, was du schreibst?«

»Natürlich, ich lebe davon.«

»Im Fernsehen war aber schon lange nichts mehr.«

»Ich schreibe nicht mehr fürs Fernsehen.«

»Ach?!«

»Das weißt du doch.«

»Schreibst du wieder so ein Buch, wo wir alle drin vorkommen?«

»Sicher, ja.«

»Ach ja.«

Schweigen.

»Ist ja ein Jammer, daß du deine Begabung nicht zum Beruf gemacht hast.«

Schweigen.

»Da hättest du dein Auskommen.«

»Ich habe mein Auskommen.«

»Wer weiß, wie lange.«

Schweigen.

»Naja, wenigstens hast du ja dann diese Wohnung, wenn ich nicht mehr bin.«

»Mutter, ich gehe jetzt runter zur Telefonzelle und rufe dich hier an. Du mußt abheben und auf dieses grüne Knöpfchen drücken. Dann müßtest du mich dran haben.«

»Ob ich das verstehe?«

»Sicher verstehst du das.«

Ich gehe. Und seufze und lasse mir Zeit – zum Durchatmen.

Der Subunternehmer

Heute ist Leopold schon sehr früh auf den Beinen. Um fünf Uhr morgens fährt er an den Stadtrand hinaus, parkt sein Auto an der Raststätte am Verteilerkreuz und geht zu Fuß zu einer nahegelegenen Wiese. Dort kommt ein junger Mann aus einem im Gebüsch stehenden VW-Bus und geht auf Leopold zu.

Leopold, der Name sagt es schon fast, ist Österreicher. Er lebt in Köln, hat eigentlich einmal Konditor gelernt, ist jetzt aber Subunternehmer. Als ich ihn das erste Mal sah, dachte ich, der hat ein Bordell. Man kann wohl Subunternehmer sein und Zuhälter, denn beide Tätigkeiten sind durchaus miteinander verwandt. Leopold hatte einmal ein Bordell, wie ich später erfuhr. Und es ist nicht gesagt, daß er eines Tages nicht auch wieder eines haben wird. In beiden Milieus, in denen Leopold verkehrt, nennt man ihn Leo. Ich sage Leopold, denn wenn Menschen schon so wunderbare Namen haben wie Ferdinand, Konstantin oder Lepold, finde ich es empörend, sie Ferdi, Conny oder Leo zu nennen. Ich wünschte, ich hätte einen solchen Namen. Ich ließe die Abkürzung nicht zu. Leopold also. Mit seiner blondgrauen Minipli, der sonnenstudiogebräunten Haut, der Sonnenbrille, den bunten Hemden und noch bunteren Krawatten, der gelben Hose und den schwarzen Schuhen mit so gezackten Läppchen drauf, wo normalerweise die Schuhbänder geknotet werden, ist er unter den Subunternehmern ein Papagei und unter den Zuhältern

ein Kanarienvogel. Dort bunter Hund und Schlitzohr, hier kleines, windiges Hündchen, Mitpinkler, wie er selbst das nennt.

In der halbseidenen Garde der Subunternehmer (Unter-Unternehmer) tummeln sich viele solche Leopolds. Ihr Beruf ist nicht geschützt. Jeder, egal wie wenig handwerkliche Fachkenntnis er hat, kann als Subunternehmer auftreten. Hat er in Fachkreisen eine Reputation, so bekommt er Baupartien von Unternehmern. Für einen Festpreis erledigt er mit seinen Leuten bestimmte Arbeiten auf größeren Baustellen. Hat er viel Arbeit, stellt er Leute fest an. Kommen die Aufträge zögerlicher, holt er sich je nach Bedarf Leute beim Arbeitsamt. Viele kleine Subunternehmer vom Schlage Leopolds, die die Teilpartien auf den großen Baustellen nicht bekommen, renovieren Wohnungen oder Häuser oder sie machen Reparaturarbeiten. Der Subunternehmer bespricht mit dem Architekten oder dem Bauherrn die Arbeit, bekommt einen Festpreis diktiert oder macht einen Kostenvoranschlag. Je mehr er von der Materie versteht, desto realistischer wird sein Kostenvoranschlag sein, je mehr er im Preis gedrückt wird, desto eher fühlt er sich gezwungen, Schwarzarbeiter oder Illegale zu beschäftigen, womit er schon mit einem Fuß in der Kriminalität steht. Das ist Leopolds Alltag.

Heute ist er also zum Verteilerkreuz hinausgefahren. Bewußt hat er sein Auto bei der Raststätte geparkt und ist zu Fuß zur Wiese hinübergegangen. Und bewußt trägt er einen Hut und hat den Jackenkragen hochgeschlagen. Er will nicht erkannt werden. Der junge Mann kommt auf ihn zu.

»Zwei Schreiner, einen Maurer«, sagt Leopold.

Der junge Mann geht zum Wagen und schreit irgend etwas in irgendeiner Sprache hinein. Drei Männer in Arbeitsklamotten und mit Plastiktüten kommen aus dem Wagen. Leopold schaut sie sich kritisch an. Der eine ist etwas älter als die anderen. Trotzdem, er nimmt sie alle drei. Ist ja nur für heute – für diese Partie in dem Altbau in der Innenstadt. Leopold drückt dem jungen Mann einen Schein in die Hand und winkt den dreien. Sie folgen ihm zur Raststätte hinüber, wo sie zu ihm ins Auto steigen. Er bringt sie zur Baustelle. Reden kann er mit ihnen nicht. Sie sind aus Ungarn, Polen, Tschechien, wer weiß das schon, wen interessiert das? Es ist ohnehin besser, nichts über sie zu wissen. Natürlich sind sie illegal hier. Manchmal sind es einfache Hilfskräfte, aber ab und zu sind tatsächlich sehr gute Handwerker dabei. Das ist immer ein Lotteriespiel. Laut und in einfachen Sätzen schreit ihnen Leopold von vielen Gesten begleitet in die Ohren, was sie zu arbeiten haben. Und bei einem Pfiff müßten sie verschwinden. Sie verstehen, nicken, kennen das. Am Abend bekommen sie ihr Geld von ihrem Vermittler auf die Hand. Am nächsten Morgen holt sich Leopold neue. Es sind selten dieselben. Dadurch, daß es die illegal eingereisten Schwarzarbeiter gibt, sagt Leopold, werden in Deutschland die Arbeitsplätze von Zöllnern erhalten. Die wären durch den Wegfall der Grenzen arbeitslos. Man setzt sie jetzt zur Kontrolle der Baustellen auf Illegale ein. Leopold schätzt die Fremden als Handwerker. Sie haben, sagt er, eine solide Ausbildung in den klassischen Handwerken. Deutsche Schwarzarbeiter, sagt Leopold, seien meist ungelernte Leute und sie würden mehr kosten als die

Illegalen. Am Abend bringt Leopold die drei wieder zur Wiese an der Autobahn hinaus, wo der VW-Bus schon wartet. Leopold zahlt dem jungen Mann den Rest der Summe, der zahlt die drei Männer aus, die mit ihrem Geld über die Wiese gehen. Am anderen Ende stehen ein paar Wohnwagen. Da ist jetzt Hochbetrieb. Im Drei-Minuten-Takt fertigen die Huren die ausländischen Freier ab. Dort drüben einen Wohnwagen haben, mit zwei Mädchen drin, denkt Leopold, und man holt sich einen Teil des Geldes, das man den Illegalen bezahlt hat, wieder zurück. Doch er weiß, die Zuhälter, die das Geschäft betreiben, lassen ihn nicht mitmachen. Also muß sich Leopold weiterhin mit Handwerkern und denen, die vorgeben, welche zu sein, herumschlagen.

Die beiden Schreiner, die er heute auf der Baustelle hatte, haben vorzüglich gearbeitet. Leopold ruft mich an, um mir das zu zeigen. Davon, sagt er, könnten sich manche bei uns eine Scheibe abschneiden. Sie haben einen großen Raum mit einem Schiffsbodenparkett ausgelegt. Saubere Arbeit, keine Fugen, die Fußleisten paßgenau, was bei diesen Altbauwänden, wo ein rechter Winkel einen Zufall darstellt, gar nicht so einfach ist. Die würde ich mir an seiner Stelle wieder holen, denke ich. Er kriegt sie vermutlich nicht.

»Das ist das Prinzip. Die fahren die Leute immer wieder woanders hin.«

»Warum?«

»Damit ich mich nicht mit ihnen arrangiere, sie unterbringe, direkt bezahle, den Vermittler umgehe.« Die beste Handwerksarbeit, behauptet er, werde in Deutschland von Schwarzarbeitern gemacht.

»Der größte Pfusch aber auch«, sage ich.

Ein paar Tage später hatte ich Gelegenheit, ihm das zu beweisen.

Ich war mit ihm auf einer seiner Baustellen verabredet, einem Altbau in der Altstadt, der bereits in Eigentumswohnungen aufgeteilt war und renoviert wurde. Leopold arbeitete also einerseits, was die Hausrenovierung betraf für die Eigentümergemeinschaft, andrerseits, was die Wohnungen betraf, für die jeweiligen Eigentümer. Wie er das liebte! Der eine wollte so, der andere so, alle zusammen wollten sie nie dasselbe. Leopold war ziemlich entnervt. Aber hier war was zu verdienen, denn die Arbeiten in den Wohnungen ließ er sich zum Teil schwarz bezahlen. Also setzte er dort seine Schwarzarbeiter ein.

Ich war etwas früher dran, Leopold war noch nicht da, und ich ging kritisch und neugierig herumschauend durchs Haus wie ein Arbeitanschauer. In der Dachwohnung arbeiteten zwei Illegale, deren Herkunft ich nicht an ihrer Sprache erkennen konnte – irgendwo aus dem Osten. Sie waren gerade dabei, die Stufen einer innerhalb der Wohnung nach oben führenden, aus Spanplatten gezimmerten Treppe mit Parketteilen zu verkleiden. Mit einer Stichsäge schnitten sie die Stücke zurecht. Mir fiel auf, daß sie sehr ungenau arbeiteten, an den Rändern teilweise bis zu fünf, sechs Millimeter große Ritzen ließen. Ich sagte es ihnen, aber sie verstanden es nicht. Ich zeigte es ihnen und sie wollten es zunächst nicht verstehen. Ich schimpfte, fluchte, zeigte immer wieder auf die Ritzen, nahm Stücke des Parketts und demonstrierte, wie das aussehen müßte, nämlich bündig. Jetzt verstanden sie, nachdem sie sich darüber

beraten hatten, was ich wohl meinte. Sie lächelten verstehend und verständig und unendlich gütig.

»Silikon!« flöteten sie unisono, und jeder hielt eine Silikonspritze hoch.

»O, Herr!«

»Silikon!«

»Jaja!«

»Silikon!«

Jupp hätte an dieser Stelle einen langen Vortrag über die Unverträglichkeit von Silikon und Holz im allgemeinen und über die Ignoranten und Pfuscher unter den Subunternehmern und ihren Handwerkern im besonderen gehalten. Ich litt nur stumm.

Endlich kam Leopold.

Er lobte die beiden, von denen er sagte, daß sie seines Wissens Russen seien und daß er sie für eine ganze Woche habe. Er klopfte ihnen auf die Schultern, hielt den Daumen hoch, zeigte ihnen seine Zufriedenheit.

»Sie sind gelernte Schreiner.«

»Nie und nimmer.«

»Wenn ich's dir sag.«

»Schau dir diese Arbeit doch mal genau an – solche Ritzen!«

Leopold lächelte sein österreichisches Lächeln, das er auch lächelt, wenn er vom Marillengeist seiner Großmutter aus der Wachau erzählt.

»Jetzt schau, ich hab ihnen ja eh einen ganzen Karton Silikon hingestellt.«

»Das ist Pfusch.«

»Jetzt paß einmal auf: Wenn ich diese Fiesel-Arbeit von einem hiesigen Schreiner machen laß' – von deinem

Freund Jupp, zum Beispiel – dann ist das eine saubere Arbeit, gut, aber der braucht doppelt so lang und kostet das Vierfache – macht eins zu acht – kannst du mir folgen? Da kann ich denen noch fünf Kartons mit Silikon hinstellen.«

»Kommt eben drauf an, was für eine Arbeit du abliefern willst.«

»Eben, so ist es. Alles zu seiner Zeit. Und schau: Da zieht eine alte Dame ein, hat sich die Wohnung gekauft, Lebensabend und so. Und was das Wichtigste ist: Die sieht eh kaum mehr was.«

Und wieder ist da dieses Marillengeistlächeln im Gesicht von Leopold, dem Häuptling der Silikon-Mafia.

Vom Erfinden

Deutsche Patentanmeldung Nr.: 197 16 046.8 – 34
»Stromführende Leiste. Zusammenfassung: Es wird eine stromführende Leiste zur Anordung auf Raumwänden, Raumböden, Raumdecken u. dgl. beschrieben, die entlang ihrer Länge mit einer Vielzahl von mit gleichen engen Abständen angeordneten Stromabgriffstellen versehen ist, die über in die Leiste einsteckbare Adapter kontaktierbar sind. Hierdurch wird eine einfach zu montierende und zu handhabende Vorrichtung geschaffen, die einen örtlich variablen Stromabgriff für beliebige Stromverbraucher ermöglicht.«

So formulierte ein Patentanwalt, der zugleich Diplom-Ingenieur ist, die Kurzbeschreibung meiner ersten Erfindung, die ich zum Patent angemeldet habe. Die Idee hatte ich schon vor Jahren. Wieder einmal verlegte ich vorhandene Steckdosen an die Stellen, wo sie gebraucht wurden. Ich schlug Mauerschlitze, um die Kabel hineinzulegen, versteckte sie hinter Fußleisten, oder ich verlegte Kabelkanäle – auf Fußleisten, um Türen herum, wie auch immer. Und dennoch lagen, wenn man sich entschieden hatte, die Elektrogeräte doch an anderen Stellen haben zu wollen, überall Verlängerungsschnüre herum. Eine Stereoanlage mit allen Zusatzgeräten und den beiden Lautsprechern, eine Lampe, damit man die Tasten der Geräte sieht, ein Faxgerät, die Basisstation eines drahtlosen Telefons, noch eine Lampe (Halogen, mit Trafo), ein Laptop, die Leitungen zum Drucker und

zum Telefonanschluß (e-Mail), der Drucker, ein Fernseher, ein Videorecorder – jeder weiß, was das für ein Kabelsalat ist. Hat man das endlich alles installiert, die Kabel einigermaßen versteckt und zusammengebunden, damit sie nicht zu Fallstricken und Staubfängern werden, stellt man unter Umständen fest, daß die Tageslichtverhältnisse doch anders sind als man dachte. In den Fernseher scheint am Tag die Sonne hinein, vom Schreibtisch aus will man doch eigentlich lieber die Bäume draußen sehen, das Faxgerät stünde besser im Flur und so fort. Fluchend baut man alles um, und irgendwann will man in die Luft gehen wie einst das HB-Männchen. Damit sollte endlich Schluß sein, beschloß ich. Ich erfand die Fußleiste, in die alle Anschlüsse, die man braucht, integriert sind. »Das ist genial«, sagten die Freunde, »das mußt du zum Patent anmelden.« Schließlich tüftelte ich mit Jupp die technischen Details aus, und wir gingen zum Patentanwalt. Nachdem wir endlich verstanden hatten, wie unsere Erfindung aussehen und funktionieren sollte, zwängte der Anwalt sie in eine Sprache, die wir nun nicht mehr verstanden. Dennoch waren wir stolz. Wir hatten ein Patent und waren Erfinder.

»Wann fließen denn nun die Millionen?« fragen die Freunde jetzt.

Sie fließen (noch) nicht.

Ein Patent ist soviel wert wie der gerichtliche »Titel« zur Rückzahlung der Schulden gegenüber jemandem, der pleite ist. Etwas zu erfinden ist das eine, es zu entwickeln, zu bauen und erfolgreich auf den Markt zu bringen, ist das andere. Handwerkende, die nicht in Routine

erstarren und immer nur dasselbe bauen (Schlüssel-brettchen) sondern ihre Phantasie einsetzen, sind die prädestinierten Erfinder. Selten aber verfügen sie über die Fähigkeit, ihre Erfindung dahin zu bringen, daß »die Millionen fließen«.

Die Tragik des Erfinders liegt darin, daß er der einzige ist, der glaubt, jedermann brauche das, was er erfunden hat. Viele Erfinder haben sich ins Unglück gestürzt, weil sie ihre Erfindung selbst bauen und vermarkten wollten. Manche haben ein Vermögen investiert, um dann feststellen zu müssen, daß die marktführenden Hersteller der Vorläufer- oder Konkurrenzprodukte ihnen den Zugang zum Markt verwehren können. Unsere »strom-führende (Fuß-)Leiste« würde alle Steckdosen, Schuko-stecker und Verlängerungsschnüre ersetzen. Die Hersteller derselben beherrschen den Elektroartikelmarkt. Sie haben Millionen in ihre Entwicklung gesteckt, sie wollen weiter ihre Produkte in Fachgeschäften und Baumärkten verkaufen. Also schreiben sie uns Absage-briefe: »... müssen wir leider feststellen, daß das von Ihnen eingereichte, zweifellos interessant klingende Angebot nach eingehender Prüfung nicht in unsere Produktpalette paßt.«

Palette!

Wahrlich eine treffende Bezeichnung für die bunten Steckdosen, Verlängerungsschnüre und Kabelschächte, die man inzwischen passend zur Wandfarbe kaufen kann.

Nichts fließt.

Keine Millionen.

Aber wir sind Erfinder!

Wir haben ein Patent!

Wir sind stolz.

Wir sind wie Daniel Düsentrieb, der ewig glücklose Erfinder aus der Micky-Maus, der uns vermutlich in unserer Kindheit mit seinem Virus infiziert hat. (Als Kind wollte ich Helferlein sein, diese kleine Glühbirne, die dem Ingenieur, dem »nichts zu schwör« war, assistierte.)

Wir erfinden weiter Dinge, die keiner braucht. Und wir haben Spaß und wunderbare Gespräche.

»Warum erfindst du nicht etwas, was man braucht?«

»Alles, was man braucht, gibt es ja schon.«

»Aber das ist ja auch mal erfunden worden.«

»Eben, darum braucht man es ja nicht mehr zu erfinden.«

»Warum hast du nicht den Reißnagel erfunden?«

»Weil er schon erfunden ist.«

»Dann erfinde doch etwas, was noch nicht erfunden ist.«

»Was denn?«

»Bin ich Erfinder oder du?«

»Sag mir, was man braucht, und ich erfinde es.«

»Wenn ich dir das sagen könnte, dann wäre ja ich der Erfinder.«

»Eben.«

Meine Mutter würde sagen: »Wenn du den Reißverschluß erfunden hättest, dann hättest du dein Auskommen.«

Für sie ist der Reißverschluß die wichtigste und genialste Errungenschaft des Menschen, was sicher damit zusammenhängt, daß sie bis heute nicht begriffen hat, wie er eigentlich funktioniert.

»Der Erfinder des Reißverschlußes war ein gewisser Herr Reiß, und der ist bettelarm gestorben«, sage ich zu meiner Mutter, wenn ich das Gespräch beenden will. Darüber ist sie entsetzt. Ob es stimmt, weiß ich nicht. (Damit der Leser es nicht tun muß, habe ich im Lexikon nachgesehen. Der Reißverschluß wurde von dem Schweden G. Sundback erfunden und 1914 patentiert. Er ist also so alt wie meine Mutter.)

Neben dem Reißverschluß werden meistens Reißnagel, Büroklammer, Kugelschreiber, Heftpflaster, Tesafilm, Tempo-Taschentuch und Kronenkorken genannt, wenn es darum geht, was man gern erfunden hätte. Es sind die Gegenstände, ohne die man sich unseren Alltag nicht mehr vorstellen kann.

Ich hätte gern etwas erfunden, was das Handwerk revolutioniert hat, die Kreuzschlitzschraube, die inzwischen fast völlig die Schlitzschraube abgelöst hat. Zwischen 1955 und 1960 wurde die Schraube in Massachusetts von der Firma Philipps entwickelt und kam ca. 1965 als SPAX (Spanplattenschraube mit einem Kreuz (X)) nach Deutschland. Heute ist sie aus dem Handwerk nicht mehr wegzudenken, zumal sie erst den Durchbruch der Bohr- und Akku-Schrauber möglich machte.

In Geisbach bei Heilbronn gibt es ein Schraubenmuseum der größten Schraubenfirma Europas, WÜRTH. Ich pilgerte dorthin und war enttäuscht. Von der »Archimedischen Wasserschraube« bis zur heutigen »Befestigungsschraube« zeigt man dort Zeichnungen, Modelle, Schrauben, technische Gegenstände. Die Kreuzschlitzschraube kommt nicht vor, wird nicht erwähnt und nicht gezeigt. Ein Museum, das erst 1991 eröffnet wurde, die

Entwicklungsgeschichte der Schraube zeigt und sich als »einziges Spezialmuseum seiner Art in Europa« bezeichnet, kann doch nicht diese Revolution im Bereich der Befestigungsschraube ignorieren! Das war eine Pilgerfahrt, die ich mir hätte sparen können.

Wer Rigipsplatten befestigt, Behelfskonstruktionen zusammenschraubt, Spanplatten befestigt, Kellerregale, Gartenzäune, Sandkisten baut, weiß diese »selbstzentrierende« Schraube (ISO 8467, so die Normbezeichnung) zu schätzen.

Ich hätte sie gern erfunden.

Aber es gibt sie schon.

»Wann fließen die Millionen?« fragen die Freunde wieder und wieder. Ich vertröste sie. Denn wenn erst einmal meine genialste Erfindung auf den Markt kommt, prophezeie ich ihnen, dann »fließen die Millionen«.

»Was ist das für eine Erfindung?«

»Der Zahnzünder.«

»Was ist das?«

»Zahnstocher und Zündholz in einem.«

Ratlose Gesichter und spöttisches Lächeln sind die Antwort.

»Jetzt ist er verrückt geworden«, denken sie. »Ein Erfinder eben, ein Erfinder von Dingen, die keiner braucht.«

Ihr werdet noch staunen, denke ich.

Das hilft mir.

Dann gehe ich mit unserem Salatsieb, zwei hölzernen Kochlöffeln, einem Quirl und einem Schaumlöffel, beide ebenfalls aus Holz in den Keller, wo meine Werkstatt ist. Ich nehme ein etwa 20 Millimeter starkes Brett, lege

das Salatsieb mit der Oberseite darauf, zeichne mit einem Bleistift den Kreis auf das Brett, der dem Durchmesser des Siebs entspricht, ziehe mit einem Winkel die vier Tangenten an den Kreis, die ein Quadrat ergeben, zeichne die Diagonalen des Quadrats und bekomme so den Mittelpunkt und die vier Schnittstellen am Kreis. Ich schneide das Brett aus, schleife die Kanten, klebe in die Ecken der Unterseite jeweils ein rundes Stück Filz, bohre im Mittelpunkt des Bretts ein Loch von 10 Millimeter Tiefe, bohre als Verbindung zu diesem Loch von der Mitte einer Brettkante stirnseitig mit einem Langbohrer ein weiteres Loch, ziehe durch dieses Loch von der Stirnseite zur Mitte ein Kabel, an dessen anderem Ende ein Stecker und in dessen Mitte ein Schalter ist. In der Mitte des Brettes ziehe ich das Kabel heraus und schiebe es durch ein Chromrohr, an dessen Spitze ein 10-Millimetergewinde sitzt (Anschlußrohr zwischen Wasserhahn und Eckventil, aus dem Sanitärbedarf). Ich setze das Rohr in das Loch, installiere darauf eine Lampenfassung, die ich auf das Rohr schraube. Mit einer Glühbirne teste ich, ob die Lampe brennt. Dann bohre ich an den vier Schnittstellen von Kreis und Diagonalen jeweils ein 15 Millimeter tiefes Loch in der Stärke der Kochlöffel, des Schaumlöffels und des Quirls, so daß die Löcher den Kreis tangieren. Dann lege ich die Löffel nebeneinander und bohre im gleichen Abstand vom Ende des Löffelstiels etwa an der Stelle, wo die Stiele in die Löffel übergehen je ein 3-Millimeter-Loch. In diese vier Löcher stecke ich etwa 3 Zentimeter lange Stücke eines 3-Millimeter-Rundholzes, so daß sie an der Rückseite des Löffels bündig

sind und nach vorne herausstehen. Jetzt setze ich die Löffel senkrecht in die vier Löcher am Kreis, und zwar so, daß die herausstehenden 3-Millimeter-Rundhölzer in die Mitte des Kreises zeigen. Sie müßten jetzt alle vier in gleicher Höhe sein. Nun nehme ich das Salatsieb mit der Rundung nach oben und setze es mit dem Rand auf die Rundholzstückchen. Die zwei Kochlöffel, der Schaumlöffel und der Quirl halten nun den Lampenschirm meiner Lampe fest. Ich schalte sie ein. Durch die unzähligen Löcher des Siebs scheint das Licht. Eine Küchenlampe ist entstanden. Da ich heute abend bei einem Freund eingeladen bin, dessen Passion Küchengeräte sind – er hat einen fünfflammigen Gasherd für zehntausend Mark, auf dem er für uns kochen wird – habe ich ein passendes Geschenk.

Die anderen Gäste werden etwas staunen, und irgendwann im Laufe des Abends wird wieder einer fragen: »Was macht die Erfindung? Wann fließen die Millionen?«

Ich werde lächeln.

Licht

Die Tragik des passionierten Handwerkers besteht darin, daß er dann über das beste Werkzeug verfügt, wenn er es nicht mehr braucht, weil alles gebaut ist, was es zu bauen gab. Ein halbes Jahrhundert dauert das ohnehin. Aber dann? Die Regale stehen, für neue ist kein Platz, neuen Büchern müssen erbarmungslos alte weichen, Lampen stehen und hängen, die alten Stühle wackeln nicht mehr, ein Schuppen steht im Garten, daneben noch ein Glashaus, selbst die Katzen haben selbstgebaute Häuschen. Man kann sagen: Das Haus ist bestellt. Ein Umzug scheint ausgeschlossen, Ausbau oder Umbau auch, denn eher verkleinert man sich ja. In dieser Situation hat es der Heimwerker leicht. Sein jahrelanger Pfusch garantiert lebenslange Nachbesserungsarbeiten. Da sich der Boden im Bad, den er selbst gelegt hat, immer mehr hebt, muß er jedes Jahr ein Stück von der Tür abschneiden. Neuer Schnitt, neue Stichsäge, denn der letzte Schnitt mit der immerhin schon fünf Jahre alten Maschine, die damals hundertdreiundachtzig Mark kostete, war sehr schräg. Jetzt geht er mit der neuen dran, mit der laut Baumarktwerbung auch die Profis arbeiten und die nur noch sagenhafte 99 Mark gekostet hat.

Der Glückliche hat zu tun.

Und auch die anderen werden ihre Erfüllung haben. Peter wird sich sein Haus nebst Dachstuhl bauen, Jupp wird als Nutznießer der reich gewordenen Alternativen

immer edlere Küchen bauen, und Leopold wird an der Wiese draußen bei der Autobahn einen oder zwei Wohnwagen mit je zwei Mädchen drin haben, und Silikon wird ihm nur noch in Form von Brüsten begegnen.

»Können diese Hände arbeiten? Nein! Können diese Hände Geld zählen? Ja!«

Und ich?

Jetzt baue ich, wie ich schon beschrieben habe, Lampen. Noch verzeiht man mir das, wie man Onkel Franz anfangs auch die zunehmende Herstellung von Schlüsselbrettchen verzieh. Natürlich verschenke ich die Lampen. Lampen aus Salatsieben, Käse- und Gemüsereiben, Wasserhähnen, Duschköpfen, Zeichenpuppen, Kartoffelstampfern, Lampen aus Materialien, die nicht für Lampen bestimmt sind. Verfremdungen zum Licht. Flutlicht – Wutlicht – Lichtung – Licht-Unk – Belichtung – Schlicht – Schlichtung – Pflicht, alle möglichen Wortschöpfungen bemühe ich dafür. Ich rede mir und meiner Umgebung viel dazu ein. Handwerk und Kunst, aber nicht Kunsthandwerk sei das, nein, eigentlich doch nur Kunst. In Wirklichkeit weiß ich selbst nicht, was es ist. Jupp würde vielleicht sagen: »Das ist der Luxus von jemandem, der schon alles (gebaut) hat.«

Ich hoffe, es ist eine Zwischenstation. Das Ziel ist ein anderes: Onkel Franz. Ich wollte, ich wäre schon da, wo er am Ende war, beim perfekt gebauten Nichts. Einmal muß es ein Ende haben mit Regalen, Betten, Vogelhäuschen, Schiffen, Flugzeugen, Lampen und auch mit diesen nutzlosen Erfindungen.

Ich werde eines Tages die Anerkennung verschmähen, die mir nur zuteil wird, weil die Lampe als Lampe

erkennbar ist, weil sie leuchtet und damit von Nutzen ist. Ich werde die rechten Winkel aufheben, der Schwerkraft trotzen, Formen verweigern, Grenzen sprengen und ein perfekt gebautes Inferno der Materialien schaffen. Schaffen? Zaubern.

Noch träume ich nur davon. Im Traum steht manchmal mein Vater mit der ganzen Verwandtschaft vor einem von mir kunstvoll und perfekt gebauten Nichts und sagt:»Schaut euch das an, so sieht's bei dem im Hirn aus.«

Manchmal, denke ich nicht nur im Traum, war ja Wahrheit in den Sätzen meines Vaters.

Vielleicht ist das, was ich jahrelang für eine Passion gehalten habe, nur eine Marotte? Oder ein Defekt im Hirn? Oder etwas ganz anderes. Wer weiß.